AF 140913

ROBERTA THEILER

Es ist **Zeit,** im **Licht** zu sein

Meine Erfahrungen auf dem Weg von der inneren Dunkelheit ins Licht

novum pro

Dieses Buch ist auch als
e-book
erhältlich.

www.novumverlag.com

Bibliografische Information
der Deutschen Nationalbibliothek:

Die Deutsche Nationalbibliothek
verzeichnet diese Publikation in
der Deutschen Nationalbibliografie.
Detaillierte bibliografische Daten
sind im Internet über
http://www.d-nb.de abrufbar.

© 2022 novum Verlag

ISBN 978-3-99131-538-4
Lektorat: Leon Haußmann
Umschlagfoto: Roberta Theiler
Umschlaggestaltung:
Livia Neuenschwander
Layout & Satz: novum Verlag
Autorenfoto: Roberta Theiler

www.novumverlag.com

Alle Rechte der Verbreitung,
auch durch Film, Funk und Fernsehen,
fotomechanische Wiedergabe,
Tonträger, elektronische Datenträger
und auszugsweisen Nachdruck,
sind vorbehalten

Gedruckt in der Europäischen Union
auf umweltfreundlichem, chlor- und
säurefrei gebleichtem Papier.

Climate neutral
Print product
ClimatePartner.com/16547-2201-1002

*In Liebe für meine Kinder Céline und Maic
sowie für all die Menschen,
die die Dunkelheit hinter sich lassen möchten
und bereit sind, sich aufzumachen auf den Weg
zum inneren Licht.*

Inhaltsverzeichnis

Prolog

Rund um mich herum erhellen die schnell aufeinander folgenden Blitze die Nacht. Die Angst in unserem Zugabteil ist förmlich mit Händen zu greifen. Alle beten im Flüsterton, mit ängstlichem Blick nach draußen.

Und schon wieder erhellt ein gewaltiger Blitz die dunkle Nacht, gefolgt von grollendem Donner. Die Nacht hat kaum Macht über die Dunkelheit. Ein Blitz folgt dem anderen und macht die Nacht zum Tag. Der Zug rattert unbeirrt auf den Geleisen in Richtung Schweiz.

Die Angst der Mitreisenden hat die Wirkung auf mich nicht verfehlt, und so sitze auch ich, zusammen mit meiner Mutter, ängstlich in meinem Zugabteil und beobachte das Geschehen. Doch was dann geschieht, verändert mein Leben!

Plötzlich sehe ich ein Licht. Dieses Licht kommt nicht von außen, nein es kommt von innen. Es strahlt aus meiner Mitte, ein wunderschönes, beruhigendes Licht. Ich bin wie gebannt, fühle und sehe nur noch dieses strahlende Licht. Alles in mir wird ruhig und ich fühle, wie mich tiefe Liebe erfüllt.

Dieses Licht dehnt sich immer weiter aus. Nach und nach löse ich mich förmlich in meinem Menschsein auf. Ich löse mich vollkommen auf und werde zu reiner schwingender Energie. Diese Energie dehnt sich auf das ganze Zugabteil aus, durchdringt alle Menschen, dehnt sich immer weiter aus, bis zu den Hügeln, die man im Blitzgewitter sehen kann, bis über die Erde hinaus ins Universum.

In diesem Zustand fühle ich absoluten Frieden und Einssein mit allem Sein. Ein unbeschreibliches Gefühl tiefer Ruhe und bedingungsloser Liebe durchströmt mich. In diesem Moment, in der mich die Lichtenergie vollständig durchflutet und sich ins Unendliche ausdehnt, wird mir bewusst, wer ich in Wahrheit bin, wie ich gemeint bin und welche wunderschöne, großartige Kraft in mir ist. Mir wird bewusst, dass – wir alle Eins sind –, alles eine einzige Energie ist –, alles miteinander verbunden ist –, nie Trennung existierte –, alles ineinander fließt –, alles in absoluter Liebe geschieht –, alles gut ist, so wie es ist.

Wir haben die Fähigkeit, ja auch stets die Möglichkeit, im Frieden, Glück, Liebe und Einssein hier auf Erden im Mensch-Sein zu leben, wenn wir nur verstehen würden, wer wir in Wahrheit sind.

Ich weiß nicht, wie lange ich im Zustand dieser Wahrnehmung war, aber ich wusste bereits zu diesem Zeitpunkt, dass es mein Leben bis in die Tiefen meines Seins verändern wird. Es war ein überwältigendes und unbeschreibliches Erlebnis und ich trug die Erinnerung daran viele Jahre still in mir, ohne mit jemandem darüber zu sprechen.

Es durchflutete mich ein so unglaublich starkes Gefühl des Glücks, des Friedens und der Liebe, wie ich es noch nie erlebt hatte. Ich wusste nun mit absoluter Sicherheit, dass wir hier auf Erden den Himmel leben können, da er nirgends anders zu finden ist als in uns selbst.

So begann meine Reise zu diesem gelebten Glück, zu diesem Frieden und dem Gefühl der inneren Freiheit, in diesem Zug von Italien in die Schweiz.

Bei diesem alles verändernden Erlebnis war ich gerade mal 13 Jahre alt und es würde noch Jahre, nein Jahrzehnte dauern, bis ich meinen Weg aus der inneren Dunkelheit ins Licht fand.

Lass mich dir von dieser Reise erzählen …

Meine Entscheidung

Meine Entscheidung ist gefallen. Ich gehe zurück zur Erde, in die physische Welt. Es quält mich die Frage, ob es die richtige Entscheidung ist?

Ich fühle Angst in mir, doch ich weiß, dass die Zeit gekommen ist, meine Aufgabe, meine Bestimmung zu vollenden. Der Augenblick, wieder als Mensch geboren zu werden, steht kurz bevor.

(An meine Geburt und an die Zeit danach konnte ich mich Jahrzehnte später bei Rückführungen wieder erinnern)

Der Moment naht. Noch fühle ich mich geborgen und beschützt, es ist warm und sicher.

Plötzlich stößt es mich in eine Richtung, mein kleiner Körper bewegt sich, wird bewegt. Große Angst erfüllt mich. Was passiert mit mir?

Egal wie groß die Angst zu sein scheint, ich habe keine andere Möglichkeit, als es einfach zuzulassen.

Es wird plötzlich hell, viel zu hell und laut. Panik! Schaffe ich es, Mensch zu sein? Habe ich von neuem die Kraft, im menschlichen Dasein meinen Weg zu gehen? Die Angst wird stärker und ich spüre, wie sich ein Teil meiner Seelenenergie zurückzieht, sich von mir trennt. Für diesen hoch schwingenden Seelenteil ist die Zeit noch nicht da, um im Menschsein zu inkarnieren. Er wird erst viel später (durch eine schamanische Arbeit der Seelenrückholung) zurückkommen und den Weg durchs Menschsein gehen. Erst viele Jahrzehnte später, wenn ich Vieles, das mich belastet, transformiert habe.

Ich fühle mich durch den Geburtsvorgang, und durch das Zurückziehen eines Seelenteils wie gelähmt. Was um mich herum geschieht, nehme ich nicht wirklich wahr. Ein Gefühl des Verlassenseins und der Leere, dehnen sich in mir aus. Es entsteht eine große Sehnsucht nach Frieden, Einheit und Sicherheit.

Ich fühle mich schwach und möchte wieder zurück ins Licht. Doch das geht nicht, denn ich habe mich auf einer höheren

Ebene entschieden, hier auf Erden zu sein, und in Liebe meiner Bestimmung gerecht zu werden. Schon einmal, ein paar Jahre zuvor, hatte ich nicht den Mut, in dieselbe Familie hinein geboren zu werden und verließ den Körper vor der Geburt. (Die Tatsache, dass ich diejenige totgeborene Tochter war, erkannte ich erst Jahrzehnte später, völlig überraschend, bei einer kinesiologischen Sitzung.)

Diesmal bleibe ich hier. Auch wenn mir bewusst ist, dass ich schon oft hier auf Erden war, fällt es mir nicht leicht, hier zu sein und mich in dieser Energie zurechtzufinden. Werde ich es schaffen? Habe ich die Kraft, meinen Weg durchs Leben zu gehen?

Viele Jahre werden vergehen, bis ich mich im Menschsein glücklich und geborgen fühle.

Meine ersten Jahre auf Erden

Viele fremde Gesichter einer Großfamilie bestaunen mich. Ich bin die Jüngste von acht Kindern und habe drei Brüder und vier Schwestern. Ob sie mir vertraut sind, weiß ich nicht.

Ich erhalte Fürsorge, und doch fühle ich mich allein und verlassen.

Für meine Mutter ist es sicher nicht einfach, die ganze Kinderschar großzuziehen. Viel Zeit für jedes einzelne hat sie nicht, zudem ist das Geld immer knapp und belastet die große Familie.

Etwas in mir erinnerte sich an die Zeit in der geistigen Welt und die Sehnsucht, dorthin zurückzukehren, ist groß. Und diese Sehnsucht ist viele Jahre sehr präsent. Dadurch fühlte ich mich hier auf Erden lange Zeit nicht wirklich zu Hause. Es fiel mir schwer, mich in meinem kleinen Körper zurecht zu finden. Das Leben als Kind forderte viel Kraft von mir.

Bereits während der ersten Jahre meiner Kindheit hatte ich einige Erlebnisse, die mein späteres Leben prägten. Es ist erstaunlich, wie uns gewisse Erlebnisse tief verletzen, und wie viel Zeit wir danach brauchen, um die dadurch entstandenen Blockaden wieder zu transformieren. Aus meiner heutigen Sicht sind diese Erlebnisse in der Tat nur deshalb zustande gekommen, weil wir bereits eine bestimmte Überzeugung in dieses Leben mitgenommen haben. Wir haben es in den „Rucksack" der Sachen, die wir aufarbeiten wollen, gelegt und mitgenommen.

Dazu ein Gedicht von Hermann Hesse.

Das Leben, das ich selbst gewählt

Eh' ich in dieses Erdenleben kam,
ward mir gezeigt, wie ich es leben würde.
Da war die Kümmernis, da war der Gram,
da war das Elend und die Leidensbürde.
Da war das Laster, das mich packen sollte,
da war der Irrtum, der gefangen nahm.
Da war der schnelle Zorn, in dem ich grollte,
da waren Hass und Hochmut, Stolz und Scham.

Doch war da auch die Freude jener Tage,
die voller Licht und schöner Träume sind,
wo klage nicht mehr ist und nicht mehr Plage,
und überall der Quell der Gaben rinnt;
wo Liebe dem, der noch im Erdenkleid gebunden,
die Seligkeit des Losgelösten schenkt,
wo sich der Mensch, der Menschenpein entwunden,
als Auserwählter hoher Geister denkt.

Mir ward gezeigt das Schlechte und das Gute,
mir ward gezeigt die Fülle meiner Mängel,
mir ward gezeigt die Wunde, draus ich blute,
mir ward gezeigt die Helfertat der Engel.
Und als ob ich so mein künftig' Leben schaute,
da hört' ein Wesen ich die Frage tun:
Ob dies zu leben ich mich traute,
denn der Entscheidung Stunde schlüge nun.

Und ich ermaß noch einmal alles Schlimme –
Dies ist das Leben, das ich leben will!
gab ich zur Antwort mit entschloss'ner Stimme
und nahm auf mich mein neues Schicksal still.
So ward geboren ich in dieser Welt,
so war's, als ich ins neue Leben trat.
Ich klage nicht, wenn's oft mir nicht gefällt,
denn ungeboren hab ich es bejaht.

Nach der Geburt entsteht eine Art Nebelschleier und wir vergessen, wie das Leben wirklich gemeint ist und weshalb wir hier sind. Sonst würde das „Spiel des Lebens" nicht spannend sein. Denn es ist in der Tat ein Spiel, unser Leben, und zwar unser eigenes Spiel, das ganz nach unseren eigenen Wünschen gespielt wird.

Kinder haben oft noch eine Ahnung, woher sie kommen, aber mit der Zeit vergessen es die meisten.

In Wahrheit sind wir eine wunderschöne Seelenenergie, die eigentlich wüsste, warum alles so geschieht, wie es geschieht. Doch wir müssen in die Vergessenheit gehen, damit wir unsere Erfahrungen im Menschsein machen können. Wüssten wir die ganze Zeit, wer wir sind, könnten wir die Gefühle des Menschseins nicht auf dieselbe Weise erleben und leben. Wir würden die Möglichkeit verlieren, all unsere noch unaufgearbeiteten Verletzungen und Blockierungen, auch Schattenseiten genannt, die wir aus anderen Inkarnationen mitnehmen, transformieren zu können. Aber wir kommen mit dem Wunsch hierher, um genau dies zu tun, damit wir wieder frei sind von seelischem Schmerz und unsere wahre, lichtvolle Energie leben können.

So kann es sein, dass wir im Leben mit vielen verschiedenen, leider oft auch sehr schmerzvollen Themen in Berührung kommen, die sehr traumatisch sein können. Doch auch diese sind nur dazu da, dass wir sie bei Gelegenheit heilen und transformieren, was zugegeben oft unendlich viel Mut und Kraft erfordert. Es braucht auch Mut, anzuerkennen, dass du selbst der Drehbuchautor bist, der die wichtigsten Eckpfeiler für dein Lebensspiel oder dein Lebenstheater geschrieben hat. Denn je nachdem, was in deinem Leben geschieht, möchtest du die Tatsache, dass es selbst gewählt sein soll, lieber von dir weisen.

Auch ich hatte Erlebnisse in meinem Leben, die ich als Erwachsener nicht so einfach als selbst gewählt akzeptieren konnte.

Ich kann mich zum Beispiel daran erinnern, dass ich als Dreijährige ein Erlebnis hatte, das mich viele Jahre emotional beschäftigte.

Mein gleichaltriger Nachbarsjunge und ich fanden heraus, welchen anatomischen Unterschied es bei Mädchen und Jungs gibt. Wir hatten wohl bis zu diesem Zeitpunkt noch keine Gelegenheit, das andere Geschlecht zu sehen. Wir spielten miteinander und nach einiger Zeit musste er dringend pinkeln. Ich war erstaunt, dass er nicht auf die Toilette sitzen musste, sondern dies stehend erledigen konnte. So haben wir, ganz unschuldig wie wir waren, entdeckt, dass wir offenbar nicht ganz gleich gemacht sind. Was für eine Entdeckung! Wir waren uns auch keines unrechten Verhaltens bewusst, als wir uns mit großem Staunen betrachteten. Dies änderte sich, als seine Mutter den Raum betrat. Sie schrie mich an, was für ein durchtriebenes, schlechtes Mädchen ich doch sei. Ich konnte nicht verstehen, wovon sie sprach, aber ihre Energie, die sie mir entgegenschleuderte, spürte ich in allen Zellen meines Seins. Ich war zutiefst erschrocken und erschüttert. Die Überzeugung, dass ich etwas richtig Schlimmes getan habe und deshalb schlecht war, begleitete mich auf meinem weiteren Weg durchs Leben.

Dieses Erlebnis bestätigte in mir das Gefühl, das ich schon eine Weile hatte, nicht liebenswert, nicht gut genug und nicht wichtig zu sein. Es fühlte sich in mir dunkel und schwer an. Der Schock saß so tief, dass ich mit niemandem über dieses Geschehen sprechen konnte. Eine Leere breitete sich in mir aus und auch das Gefühl, hier auf der Erde am falschen Ort zu sein. Vielleicht kennst du das auch?

Wenige Jahre später, als ich zirka sechs Jahre alt war, erlebte ich mehrfach sexuelle Übergriffe eines Bekannten. Auch hier erzähle ich es keiner Menschenseele. Ich wusste als kleines Mädchen gar nicht, wie ich damit umzugehen hatte. War nicht ich die Schuldige? Haben Erwachsene nicht immer recht?

Leere und tiefe Dunkelheit erfüllten mich immer mehr und mehr. Ich hatte das Gefühl, dass es nirgends ein Fünkchen Licht gab. Alles fühlte sich schwer und belastend an. Die Sehnsucht, zurückzugehen, woher ich kam, wuchs. Zurückzukehren in die Harmonie, in die unendliche Liebe, an die ich mich immer noch ein wenig erinnern konnte, wurde zu einen großen Wunsch. Man nennt dies auch Todessehnsucht.

Zwischenwelten

Ich weiß, dass es einige Menschen gibt, die das Gefühl haben, nicht die nötige Kraft für die Wirren und Schicksale des Lebens zu haben. Wenn dann die Überforderung zu groß ist, möchten sie das Leben beenden. Doch ob der Schmerz dann tatsächlich beendet ist?

Ich habe da andere Erfahrungen gemacht. Durch meine Hellsichtigkeit habe ich schon Seelen gesehen, die in einer Art Zwischenwelt „stecken" geblieben sind. Es sind oft Seelen, die freiwillig aus dem Leben geschieden sind. Aber es kann auch sein, dass Gewalt eine Rolle gespielt hat oder dass jemand sich aus Liebe und dem Bedürfnis, für den anderen da zu sein, entschieden hat, in der Nähe zu bleiben. Mit Sicherheit gibt es noch viele andere Gründe, die dazu führen können, dass eine Seele noch in einer Zwischenwelt verharrt. Das heißt jetzt natürlich nicht, dass jeder, der freiwillig sein Leben beendet, in der Zwischenwelt bleibt. Ich kann da nur von meinen eigenen Erfahrungen berichten.

Einmal wurde ich in eine Kita gerufen. Dort geschahen wohl eigenartige Sachen, die sich die Leiter nicht erklären konnten und die ihnen auch ein wenig Angst machten. Es gab dort viele schön eingerichtete Zimmer und ich freute mich, mit wieviel Liebe alles gestaltet war. Nun gab es im oberen Stock ein Zimmer, in dem sich einige Kinder fürchteten. Es gab solche, die dort keinen Mittagsschlaf machen wollten, weil sie Angst vor dem „Mann" hatten. Verschiedene Kinder, aus verschiedenen Gruppen, die sich untereinander nicht kannten, äußerten dieselben Ängste. Sie waren nicht davon abzubringen, dass dort ein Mann im Zimmer war, der ihnen Angst machte. Interessant dabei war, dass ihn nicht alle Kinder sahen. Es sind immer nur einige Kinder, die noch die Sicht in die geistige Welt haben, bei den anderen wurde der Schleier bereits vor das Bewusstsein gezogen.

Als ich in diese schöne Kita kam, bemerkte ich auf der energetischen Ebene bald, dass da jemand sein musste, der nicht mehr in dieses alte Bauernhaus gehörte. Als ich in einem wundervollen, großen Spielzimmer vorbeikam, spürte ich eine Kälte in mir. Auf der Gefühlsebene nahm ich wahr, dass sich hier vor langer Zeit jemand erhängt hatte. Wie ich im Gespräch mit der Kitaleiterin erfuhr, gehörte dieser Bereich früher zur Scheune. Im obersten Stock, in einem kleinen Zimmer mit sechs hübschen Bettchen, erkannte ich eine männliche Seele.

Er war überrascht, dass ich ihn sehen konnte. Ich stellte mich vor und begann ein Gespräch mit ihm zu führen und wollte wissen, warum er noch da war, wenn er doch seinen Körper schon vor langer Zeit verlassen hatte. Er teilte mir mit, dass er vor langer Zeit Knecht auf diesem Bauernhof war und sich sehr verliebt hatte. Diese Liebe wurde jedoch nicht erwidert. Das brach ihm sein Herz. Er konnte diesen furchtbaren Schmerz nicht mehr ertragen und erhängte sich in der Scheune.

„Und nun, plötzlich, sind da so viele Kinder, die alles durcheinanderbringen und einen Heidenlärm machen", meinte er. Das störe ihn sehr. Schließlich sei das sein Kämmerlein. Ich erklärte ihm, dass er nicht mehr hier hingehöre und es für ihn Zeit ist, ins Licht zu gehen. So dass seine Seele den Weg weiter gehen könne. Er glaubte mir erst, als ich eine Art „Portal" öffnete.

Die geistige Welt zeigte mir, wie ich es öffnen kann und wie ich den Seelen aus der Zwischenwelt beim Übergang helfen konnte. Als er mir nicht traute, wurde ich angewiesen, dieses Portal zu öffnen. Durch dieses sehr geschützte Portal ist es offenbar vorangegangenen Seelen möglich, sich zu zeigen und jemanden „abzuholen". Kurz nachdem ich es also geöffnet hatte, kam eine wunderschöne, lichtvolle Seele, die ich als eine Frau wahrgenommen habe. Der Knecht erkannte sie sofort, denn es war seine große Liebe, die ihm beim Übergang helfen durfte. Als ich ihn dann noch einmal fragte, ob er nun bereit ist, zu gehen, antwortete er freudig mit ja. So trat er ins Portal ein und die beiden verschwanden im Licht.

Eine solche Arbeit ist immer von unbeschreiblicher bedingungsloser Liebe und Schönheit durchdrungen und erfüllt, für das es nicht wirklich Worte gibt.

Eine andere Geschichte handelt an einem anderen Ort, an den ich gerufen wurde. Meine Tochter arbeitete dort und sie berichtete mir, dass ihr immer jemand aus einer anderen Seinsebene bei der Arbeit über die Schulter schaue und sie das so gar nicht mochte. Sie bat mich, an ihrer Arbeitsstelle vorbeizukommen. Tatsächlich war dort eine männliche Seele. Als ich mich ihm vorstellte, traute er mir keineswegs. Auch er war erstaunt, dass ich ihn sehen konnte. Die Kommunikation mit ihm ergab, dass er vor einigen Jahren, als das Gebäude noch anders genutzt wurde, in eine Schießerei verwickelt war und erschossen wurde. Nachforschungen haben ergeben, dass sich diese Geschichte wohl so zugetragen hatte. Warum er nicht ins Licht gehen konnte, habe ich nicht erfahren. Ich sagte auch ihm, dass ich ihn ins Licht bringen könne, wenn er das möchte. Er war sehr misstrauisch und äußerte die Angst, dass ich ihn sicher in die Hölle schicken würde. Ich sagte ihm, dass es so etwas wie die Hölle nicht wirklich gibt. Ich bat die geistige Welt um Hilfe. Sie sagten mir, dass es Zeit ist, das Portal zu öffnen, gesagt, getan ...und schon kamen mehrere Lichtwesen, um ihn willkommen zu heißen. Auch hier war die Liebe, die von diesen Seelen ausgesandt wurde, einfach unbeschreiblich. Mir kommen immer die Tränen, weil es so schön ist und in mir die Sehnsucht nach dieser unbeschreiblichen Liebe wieder aufflammt. Als er dann die Lichtwesen sah, die kamen, um ihn zu begleiten, erhellte sich sein Gesicht und er fing an zu strahlen. Eine von ihnen war wohl seine Großmutter gewesen. Nun war auch er mehr als damit einverstanden, den Weg durch das Portal ins Licht zu gehen. Und ich war dankbar, dass ich ihm dabei helfen durfte.

Ein anderes Mal war es ein Mann, der viel zu früh an einer Krankheit verstorben war und einen sehr starken Wunsch in sich trug, für sein Kind und seine Frau da zu sein. Nur können Seelen aus der Zwischenwelt nicht wirklich helfen. Sie werden eher als störend wahrgenommen. So auch in diesem Fall. Nach einigen Erklärungen war er bereit, durch das Portal ins Licht zu gehen.

Als Kind und Jugendlicher wusste ich noch nichts von Zwischenwelten. Doch hatte ich immer das Gefühl, dass es nicht richtig wäre, einfach zu gehen, auch wenn während meiner Kindheit und Jugend immer wieder die Sehnsucht in mir aufstieg, zurück in die geistige Welt zu gehen.

Nein! Tief in mir wusste ich, dass dies nicht richtig wäre!

Ich habe mich entschieden, Mensch zu sein. Wie ich später erkennen durfte, aus Liebe zu den Menschen. Aber zu der Zeit meiner Kindheit und meiner Jugend und noch viele Jahre mehr fühlte sich das Leben an wie ein Kampf.

Die Jahre vergingen, und meine Todessehnsucht wurde größer. Ich hatte einfach keine Freude am Leben und konnte nichts Schönes darin entdecken und das, obwohl ich in einer wundervollen Familie aufwachsen durfte.

Mit den Jahren fiel ich immer mehr in die Vergessenheit darüber, wer ich in Wahrheit bin und konnte mich nicht mehr an mein wahres Sein erinnern. Die Dunkelheit erfüllte und umgab mich immer mehr und mehr …

… bis zu diesem Zeitpunkt, als ich mit 13 Jahren mit meiner Mutter im Zug von Italien in die Schweiz unterwegs war.

Dieses fast unbeschreibliche Erlebnis veränderte alles in mir. Als sich dieses Licht, diese gefühlte bedingungslose Liebe in mir ausdehnte, wich jede Angst, jede Traurigkeit und Hoffnungslosigkeit von mir. Es war unbeschreiblich. Tiefer Frieden und Liebe erfüllten mich. In diesem Moment wusste ich, dass jeder Mensch dieses Licht in sich trägt, jeder Mensch **ist** dieses Licht.

Ich war unendlich dankbar und glücklich, auf dieser Welt endlich Licht und Frieden zu spüren. Wir alle sind dieses Licht, auch wenn wir es nicht mehr wahrnehmen können. Wir alle sind ein großartiges und mächtiges, spirituelles Wesen, mit einer körperlichen Erfahrungswelt. Wir tragen ein unglaublich großes Potenzial in uns. Jeder von uns!

Leider blieb bei mir vorerst diese Euphorie nicht für lange Zeit in diesem Maße bestehen. Meine Schattenseiten, die transformiert

werden wollten, kamen ganz langsam wieder in mein Bewusstsein zurück und verdunkelten das Licht. Doch die Erinnerung
blieb. Ich wusste in jeder Zelle meines Seins, dass wir im Stande
sind, dieses Licht, diesen Frieden, die tiefe Liebe und die damit
verbundene Freude hier auf Erden zu leben!

Das leise Erwachen
von der Dunkelheit ins Licht

Ein paar Jahre später, machte ich mich auf die Suche danach, wie ich meine Schattenseiten heilen und transformieren konnte. Ich wusste, dass ich nur zum inneren gelebten Licht kommen werde, wenn ich durch die Dunkelheit hindurch gehe und sie transformiere.

Glücklicherweise gibt es in der heutigen Zeit unendlich viele Wege und Möglichkeiten, dies zu tun. Und es gibt mit Sicherheit für jeden das Richtige.

Die erste Wendung in meinem Leben begann, als ich mit 17 Jahren das Buch von Dr. Joseph Murphy „Die Macht des Unterbewusstseins" las. Dieses wundervolle Buch lag bei uns im Wohnzimmer und gehörte meiner Mutter. Ich war sehr dankbar, dass es mir in die Hände fiel und verschlang gierig Seite um Seite.

Er schrieb, dass wir selber für unser Leben und unsere Sicht auf das Leben verantwortlich sind. Die Erkenntnis, dass ich selber für mein Glück verantwortlich sein soll, war mir zu diesem Zeitpunkt tatsächlich neu. Viele weisen diese Tatsache von sich. Sie machen lieber andere Menschen oder Umstände für ihr Unglücklichsein, ihren Schmerz und ihr Leben, das vielleicht nicht so optimal verläuft, verantwortlich. Ich war da bestimmt keine Ausnahme.

Nach der Erkenntnis, dass wir selber für uns und unser Glück verantwortlich sein sollen, wollte ich es genau wissen. Ich begann, Menschen zu beobachten, fragte nach ihrer Lebenseinstellung und wie sie mit ihren Problemen gelernt haben umzugehen. Denn meine Lebenseinstellung kannte ich nur zu gut. Die lautete folgendermaßen: „Das Leben ist wie eine Hühnerleiter, kurz und von oben bis unten verschissen!" Diese Einstellung hatte ich tatsächlich. Das, obwohl ich dieses wundervolle Erlebnis mit 13 Jahren hatte. Ich wusste tief in mir, dass wir ein Lichtwesen sind, aber ich war trotzdem gleichzeitig der Meinung, dass wir dem Leben irgendwie ausgeliefert und uns die Hände gebunden sind. Dass es einfach nicht in unserer Macht liegt, etwas zu verändern. Zu diesem Zeitpunkt hatte ich noch keine Idee, wie ich dieses innere Licht, diesen Frieden, im Alltag leben könnte.

Heute kann ich meine damalige Einstellung kaum mehr nachvollziehen, aber zu jener Zeit empfand ich das so. Ich hatte immer das Gefühl, dass das Leben sehr anstrengend ist und von mir viel Kraft forderte. Dank dem Buch von Dr. Murphy bekam ich eine neue Sicht auf mein Dasein.

Ich beobachtete also die Menschen. Fröhliche wie betrübte und führte mit ihnen Gespräche über das Leben. Dabei habe ich herausgefunden, dass alle von ihnen schon einige Schicksalsschläge und oft auch nicht die schönste Kindheit hatten. Trotzdem waren diese Menschen sehr unterschiedlich. All diejenigen, die erstens die Verantwortung, so gut es ging, für ihr Leben selber übernommen haben, und sich zweitens bewusst für eine positive Lebenseinstellung entschieden hatten, führten ein recht glückliches und zufriedenes Leben. Die anderen schoben die Verantwortung für ihr Leben allen und allem Möglichen zu, waren deshalb sehr unzufrieden und beklagten sich über Vieles. Man hatte sogar oft das Gefühl, dass sie das Unglück richtiggehend anzogen, was sie dann noch unzufriedener machte. Es wirkte auf mich, als befänden sie sich in einem Teufelskreis. Negative Menschen zogen Negatives an und so bekamen sie immer wieder die Bestätigung, dass das Leben nichts Gutes für sie bereit hält. Dagegen zogen die positiv denkenden Menschen immer mehr Positives an, denn die Energie folgt **immer** der Aufmerksamkeit!

Das Buch von Dr. Murphy half mir, mehr Verantwortung für mein Leben zu übernehmen und es mit anderen Augen zu sehen. Durch Affirmationen, die er in seinem Buch sehr gut beschreibt, konnte ich sogar viel Schönes in mein Leben ziehen. Zum Beispiel visualisierte ich einmal eine neue Arbeitsstelle, das war, kurz nachdem ich das Buch gelesen hatte. Ich bewarb mich, befürchtete aber, die Stelle nicht zu bekommen. Nun überlegte ich mir, was ich tun könnte, um meine Chancen zu vergrößern.

Ich arbeitete mit einem „inneren Film". In meinen Gedanken und Gefühlen spielte ich immer wieder die Szene des Bewerbungsgespräch durch. Ich stellte mir ganz genau vor, wie mir mein neuer Arbeitgeber die Hand schüttelte und mir sagte: „Schön, Fräulein Theiler, ich freue mich, sie bald als neue Mitarbeitern zu begrüßen ..."

Wichtig ist, dass du, wenn du mit inneren Bildern arbeiten möchtest, ganz in das Gefühl eintauchst und absolut keinen Zweifel hast, dass es genau so passieren wird. Und zwar, dass es genau jetzt passiert und nicht irgendwann in ferner Zukunft. Vertraue voll und ganz, dass es so geschieht. Ich habe mir diese Szene im inneren Bild viele Tage lang vorgestellt und dabei eine Dankbarkeit gefühlt, dass es genau so sein wird. Als ich dann Wochen später tatsächlich zu einem Vorstellungsgespräch eingeladen wurde, verabschiedete sich der Betriebsleiter genau mit den Worten, die ich Wochen vorher visualisierte. Als mir dies auf der Heimfahrt bewusst wurde, staunte ich sehr darüber, dass es Wort für Wort genau dieselben Sätze waren :-)

Zu einem späteren Zeitpunkt visualisierte ich meinen Lebenspartner. Ich stellte mir vor, welche Charakterzüge er haben soll und dass er groß und sportlich sein würde. Haarfarbe und Augenfarbe waren mir nicht wichtig, sondern, wie ich mich fühlen möchte an seiner Seite. Ich ging ganz tief in das Gefühl hinein und fühlte die Dankbarkeit in mir, dass ich genau diesen Menschen treffe. Es ist wirklich wichtig, dass du dies nicht mit der Einstellung machst, dass es irgendwann, in ferner Zukunft, geschehen wird. Du machst es mit dem Gefühl und der Einstellung, dass es bereits geschehen ist. Mit dem Gefühl, dass du es bereits bekommen hast. Das ist ganz wichtig, sonst wir es immer irgendwann in der Zukunft sein und nicht jetzt in deinem Leben.

Ich visualisierte das also nun für längere Zeit, bis ich mit einer inneren Sicherheit wusste und fühlte, dass das Universum uns zusammen führen wird. Dies geschah einige Zeit später, als ich mit einer Arbeitskollegin in einem Lokal zum Tanzen war. Verschiedene Männer forderten mich zum Tanzen auf, und als nach einer Pause die Musiker wieder einmal die Instrumente hervorholten, stand da plötzlich ein Mann, der mir bis dahin im Lokal noch nicht aufgefallen ist, an unserem Tisch. Er bat mich um den nächsten Tanz. Als ich meinen Kopf hob, um ihn anzuschauen, spürte ich, wie eine Energie durch meinen ganzen Körper floss. Ich wusste in diesem Augenblick, dass er der Vater meiner Kinder und somit mein Ehemann sein wird. So war es dann auch und zwei Jahre später heirateten wir.

Mit dem Wissen aus dem Buch von Dr. Murphy veränderte sich mein Leben nach und nach in eine positivere Richtung. Zu mehr Licht, Liebe und Lebensfreude. Aber das war erst der Beginn meines Weges und meines Erwachens und Verstehens.

Einige Jahre nachdem ich gelernt hatte, das Leben bewusst positiver zu gestalten, merkte ich, dass sich auch meine Wahrnehmung immer mehr veränderte. Zu dieser Zeit konnte ich es jedoch noch überhaupt nicht einordnen.

Die Tatsache, dass ich meine Umwelt anders erlebte und wahrnahm als die Menschen, die ich kannte, machte mir Angst. Ich sprach mit niemanden über meine Erlebnisse und Erfahrungen. Es gab Zeiten, da fürchtete ich, meinen Verstand zu verlieren. Ich sah und fühlte Dinge und Wesenheiten, die nicht zur physischen Welt gehörten. Und weil ich in meinem Umfeld die Einzige war mit diesen Wahrnehmungen, war ich der Meinung, dass mit mir etwas nicht stimmte.

Ich war sehr dankbar, dass ich bald darauf mit verschiedenem, für mich neuem Wissen aus Büchern in Kontakt kam. Denn in den 80er-Jahren war spirituelles Wissen und Bücher darüber noch nicht sehr verbreitet.

Nun erfuhr ich, dass es viele Menschen auf dieser Erde gibt, die ein erweitertes Bewusstsein haben und dadurch Bereiche der feinstofflichen Ebene wahrnehmen können, die anderen Menschen verborgen bleiben, obwohl diese Gabe in jedem Menschen angelegt ist.

Nach und nach wurde mir bewusst, dass ich die Gabe des Hellhörens, Hellfühlens und Hellsehens hatte. Das war für mich zu Beginn nicht immer einfach. Denn wenn die Medialität wieder erwacht, kann das durchaus zu Verwirrung und Angst führen. Es gibt Menschen, die nicht damit umgehen wollen oder können und aus Angst oder Verwirrung lieber zu irgendeiner Droge greifen, um sich zu betäuben und letztendlich leider auch in der Psychiatrie landen könnten.

So führte mich mein Lebensweg vom positiven Denken weiter zur Medialität. Allerdings musste Einiges passieren, bis ich meinen Wahrnehmungen zu vertrauen begann.

Weckruf

Die geistige Welt dachte wohl, dass sie stärkere Impulse setzen muss, damit ich ihr auch wirklich vertraue und lerne, auf sie zu hören, denn das war für mich zu Beginn sehr schwer.

Eines Tages, als ich ganz alleine, in Gedanken versunken, im Wohnzimmer saß und mit der Wäsche beschäftigt war, hörte ich plötzlich eine laute, klare Stimme zu mir sprechen. Ich erschrak fürchterlich, wusste ich doch, dass sonst niemand zu Hause war. Die Stimme, die mit mir sprach, war mir vertraut. Schon oft hörte ich sie, wenn sie mich vor etwas warnen wollte. Allerdings hörte ich sie immer in mir, leise, als wären es meine eigenen Gedanken, die mit mir sprachen. Doch nun sprach sie mit mir, als würde ein Mensch hinter mir stehen, laut und deutlich. Du kannst dir vielleicht vorstellen, wie mir vor Schreck die Haare zu Berge standen und das Herz in die Hosen rutschte.

Die Stimme machte mich ganz ruhig und liebevoll darauf aufmerksam, dass bald unser Auto einen Unfall haben wird mit Totalschaden. Ich wusste nicht, wie dies passieren sollte, aber für mich gab es keinen Zweifel, dass es geschehen wird.

In den folgenden Tagen wollten wir als Familie einen Ausflug machen. Dazu war eine längere Autofahrt nötig. Ich hatte große Angst, dass etwas passieren könnte und die Kinder in Mitleidenschaft gezogen werden. Meinem Mann habe ich nichts von der Stimme erzählt, es war zu absurd, als dass ich mich ihm anvertrauen konnte. Wer hört denn schon laute „Geisterstimmen", die mit einem reden? Auch sonst hatte ich niemandem davon erzählt, irgendwie wusste ich selber nicht, wie ich damit umgehen sollte. In meiner Angst versunken, hörte ich die Stimme erneut. Sie teilte mir mit, dass es nicht passieren wird, wenn die Kinder mit im Auto sind, und dass auch sonst keine Menschen zu Schaden kommen werden. Die Tatsache, dass es dabei keine Verletzten geben wird, beruhigte mich sehr. Ich dachte mir,

dass es vielleicht auch einen heftigen Parkschaden geben könnte, und da unser Auto schon älter war, hätte sich eine Reparatur
nicht mehr gelohnt.

Nun, es kam ein bisschen anders.

Nach ein paar Tagen hatte ich den Vorfall im Wohnzimmer
tatsächlich wieder total vergessen. Es war Winter und ich fuhr
zur Arbeit in die Nachtwache. Ich bin gelernte Krankenpflegerin
und hatte gerade eine neue Arbeitsstelle begonnen. Mein Mann
blieb zu Hause bei den Kindern. Als ich das Haus verließ, begann es zu schneien, so wie ich es in meinem ganzen Leben noch
nie erlebt hatte. Wir wohnten damals in höherer Lage und der
Schnee konnte sich schnell auf der Straße festsetzen. Innert kürzester Zeit waren die Straßen mit einer zehn Zentimeter dicken
Schneeschicht bedeckt. In einer Kurve kam ich ins Schleudern.
Gekonnt wich ich einer hohen Mauer aus. Ein paar Meter weiter rutschte ich jedoch, ohne noch etwas dagegen tun zu können,
über die Straße hinaus in ein tiefes Bachbeet. In diesem Augenblick fiel es mir wieder ein, was mir die Stimme mitgeteilt hatte
und ich dachte nur: „Scheiße, jetzt geht das Auto bei mir kaputt."
Ich hatte in diesem Moment absolut keine Angst, da ich ja wusste, dass niemand verletzt werden würde, hatte aber die Hoffnung
gehabt, dass es passiert, wenn mein Mann mit dem Auto unterwegs gewesen wäre und es einen Parkschaden gegeben hätte. So
wäre nicht ich für den Totalschaden verantwortlich gewesen;-)

Nach zehn Metern landete ich glücklicherweise an einem
Baumstamm, der das Auto stoppte, bevor es noch weiter in die
tiefe Schlucht hinunterglitt. Mit viel Geschick konnte ich über
die Beifahrertür hinausklettern, da es auf der Fahrerseite lag. Auf
allen Vieren kroch ich den steilen Hang hinauf, um Hilfe zu suchen. Handys gab es zu dieser Zeit leider noch keine.

Mir ist, außer einem Schleudertrauma, nichts passiert. Das
Auto? Nun ja, es war Schrott!

Als ich Stunden später wieder zu Hause in meinem Bett lag,
wusste ich, dass ich dieser Stimme Aufmerksamkeit schenken
musste. Schon so oft hatte sie mich vor etwas gewarnt, doch ich
hörte nie zu.

Mir wurde bei diesem Unfall auch bewusst, dass es nicht darum ging, ihn zu verhindern, sondern darum, mich aufzuwecken, damit ich endlich meiner inneren Führung zu vertrauen lernte!

Es vergingen zirka zwei Monate, da hörte ich diese Stimme wieder. Auch diesmal, wie auch die weiteren Male, laut und deutlich, als würde jemand neben mir stehen und mit mir sprechen. Sie machte mich auf Schicksalsschläge in unserer Großfamilie aufmerksam, die in der kommenden Zeit passieren und uns auch emotional betreffen würden. Und auch diese Information diente dazu, sicher zu stellen, dass ich dieser Stimme zu vertrauen lernte. Mein damaliger Mann und ich kamen aus sehr großen Familien. Wir hatten zusammen 17 Geschwister und viele Neffen und Nichten!

Ich wurde darüber informiert, bis wann diese turbulente Zeit gehen und mit welchem Menschen sie abgeschlossen sein wird. Tatsächlich ging es kurze Zeit später los. So waren vermehrt Unfälle, lebensbedrohliche Krankheiten, wie zum Beispiel ein Gehirntumor, sowie ein Todesfall zu verarbeiten.

Mein Vater starb, und ich war nicht darauf vorbereitet, denn ich wusste ja nicht genau, was in dieser Zeit passieren wird. Auch wenn mein Vater an Krebs erkrankt war, so war sein Zustand absolut noch nicht in der „End-of-life-Phase". Er lebte zu Hause mit meiner Mutter zusammen und eines Nachts, als er ins Bett ging, legte er sich hin, atmete noch zwei, dreimal tief ein und aus und verließ den Körper. Ich hatte lange Zeit damit Mühe, dass ich mich nicht persönlich von ihm verabschieden konnte. Erst Jahre später kam er in einer Art Meditation zu mir, und so konnte ich mich doch noch von ihm verabschieden und ein letztes Gespräch führen. Dabei nutzte er die Gelegenheit, meiner Mutter noch ein paar Worte mitzugeben, was ihr viel Trost gab.

Die Zeit der Unruhe endete, wie vorausgesagt, in besagtem Monat mit der besagten Person. Danach kehrte wieder Ruhe in unseren Großfamilien ein.

Jetzt endlich lernte ich, dieser Stimme uneingeschränkt zu vertrauen und auch zu handeln, wenn es einen tiefen Impuls dazu gab. Denn später wurde ich auch sehr klar darauf aufmerksam gemacht, welche Weiterbildungen ich machen soll. Und wenn ich auch oft das Gefühl hatte, dass weder Geld noch Zeit vorhanden waren, so wurde es vom Leben irgendwie immer möglich gemacht. Ich war jedes Mal erstaunt, wie einfach und schnell alles ging, wenn ich einfach losgelassen und vertraut habe.

Wenn du auch in dir den tiefen Wunsch hast etwas in dein Leben zu ziehen, ist es wichtig, das Gewünschte nicht festzuhalten, sondern es vertrauensvoll loszulassen, um so dem Universum die Möglichkeit zu geben, es für dich zu erledigen.

Einmal zum Beispiel sollte ich einen siebentägigen Kurs besuchen und hatte kein Geld auf der Seite. Ich sagte der geistigen Welt, dass ich die von ihr gewünschte Weiterbildung gerne machen würde, dafür jedoch in einem Monat Zweitausend Franken benötige. Das war für mich damals sehr viel Geld. Auch wenn der Kurs komplett ausgebucht und die Warteliste groß war, vertraute ich darauf, dass es irgendwie möglich gemacht wird. Mir wurde von den Organisatoren nicht viel Hoffnung gemacht, dass ich an dieser Weiterbildung teilnehmen könnte. Doch zwei Wochen später gaben sie mir Bescheid, dass ich nun doch dabei sein durfte.

In meiner Praxis, die ich damals als Hobby betrieb, waren zu dieser Zeit kaum Kunden eingeschrieben. So hatte ich keine Ahnung, woher das Geld kommen soll. Doch das Leben zeigte es mir. Es meldeten sich kurz darauf verschiedene Kunden, die wieder einmal in eine Behandlung kommen wollten. Und auch neue Kunden kamen dazu. Auf jeden Fall hatte ich genau die gewünschte Summe bereit, als ich zur einwöchigen Weiterbildung fuhr.

Ein anderes Mal erwachte ich am Morgen und hörte die Stimme sagen, dass ich den Gebrauch einer speziellen Bioantenne erlernen solle. Mir war bewusst, dass Kurs und Bioantenne sicher 1700 Franken kosten würde, und auf meinem Konto war wieder einmal Ebbe angesagt. Ich wusste aber gleichzeitig auch, dass es das Leben irgendwie möglich machen würde. Nur hatte ich noch keinen blassen Schimmer, wie das gehen soll. So folgte ich meiner Intuition. Es ist wichtig, dass wir lernen, auf unsere Intuition zu hören und auf sie zu vertrauen. Es ist der beste Weg, ein glückliches und erfülltes Leben zu führen.

Ich telefonierte erst einmal, aus einem Gefühl heraus, meiner Mutter. Dabei fragte ich sie nach ihren Erfahrungen mit der Bioantenne. Ich wusste, dass sie vor längerer Zeit einen solchen Kurs belegt hatte und sich eine Bioantenne angeschafft hatte. Vielleicht konnte sie mir sagen, ob sich, nach ihrer Ansicht, ein Kurs lohnt. Sie erzählte mir gerne davon und am Schluss meinte sie: „Du musst dir aber keine Bioantenne kaufen, falls du den Kurs machen möchtest. Ich habe im Moment keine Zeit, damit zu arbeiten, du kannst sie, so lange wie du willst, ausleihen." Nun hatte ich, völlig unerwartet, eine Bioantenne zur Verfügung.

Als nächstes hatte ich das Gefühl, dass ich eine Bekannte anrufen sollte. Ich wusste, dass auch sie einmal einen Kurs besuchte. Nun wollte ich wissen, wie sie darüber dachte. Sie meinte, dass ich diesen Kurs nicht machen soll, Preis/Leistung wären nicht gegeben. Aber sie kannte jemanden, der viel mehr über die Arbeit mit der Bioantenne wusste. Diese Frau gab bald im kleinen Kreis einmal im Monat Unterricht. Kosten pro Nachmittag nur 100 Franken. Sie vermutete allerdings, dass sie bereits ausgebucht sei. Ich bat trotzdem um die Nummer. Noch am selben Tag rief ich sie an, und tatsächlich konnte ich den letzten Platz ergattern. Nach dem dritten Kursnachmittag meinte sie zu mir, dass sie mir alles beigebracht habe, was sie über die Arbeit mit der Bioantenne wisse. Sie war der Meinung, dass ich bereits alles verstanden habe und selbständig damit arbeiten konnte. So kostete mich der Kurs nur wenig und ich durfte gleichzeitig sehr viel dabei lernen.

Ich erzähle diese Erlebnisse, um dir zu zeigen, dass unsere innere Führung immer mehr weiß als unser Verstand. Hätte ich auf meinen Verstand gehört, dann hätte ich keinen Finger dafür gekrümmt, denn der war der Meinung, dass ich mir diese Kurse niemals hätte leisten können. Doch wenn in dir ein ganz tiefes und starkes Gefühl in eine Richtung weist, dann versuche zu vertrauen und diesem Impuls zu folgen. Ich habe es nie bereut, den Weg meiner inneren Führung zu gehen.

Im weiteren Verlauf des Lebens wurde diese Stimme dann wieder leiser, doch ich habe gelernt, darauf zu hören. Auch wenn der menschliche Teil von mir nicht immer alles hören wollte. Denn manchmal musste ich Schritte unternehmen, die mir nicht behagten. Ich musste sehr oft eine innere Angst überwinden und lernen, vertrauensvoll zu handeln.

Meine innere Führung führte mich zu verschiedenen Weiterbildungen und Kursen wie zum Beispiel:

- Gesundheitsberaterin. Dort lernte ich etwas über Phytotherapie, Bachblüten und Aromatherapie und bekam eine Einführung in die klassische Homöopathie und gesunder Ernährungsweise. Auch Fuß- und Ganzkörpermassage wurde gelehrt. Von dieser Weiterbildung habe ich vor allem die Bachblütentherapie mit auf meinen weiteren Weg genommen. Mit der klassischen Homöopathie befasste ich mich laienhaft schon seit einigen Jahren, um meine Kinder bei Kinderkrankheiten, zusammen mit einem Homöopathen, optimal zu begleiten. Die Phytotherapie wurde mir schon durch meine Mutter in der Kindheit nähergebracht. Ich bin mit ihr oft auf Kräutersuche gegangen, damit sie Hustentee und vieles mehr damit zubereiten konnte. Heute esse ich zum Teil diese Kräuter und Blüten. Bei meinem morgendliche Hundespaziergang pflücke ich mir immer Wildkräuter, um sie in meinem feinen grünen Smoothies zu verwenden. Mit dem Wissen über die Bachblüten, man nennt sie auch Blüten, die die Seele heilen, konnte ich meine Kinder optimal bei zum Beispiel emotionaler Unsicherheit und Ängsten unterstützend begleiten. Ich sah, dass sie mit diesen Blüten besser im Stande waren, sich emotional zu entwickeln. Natürlich nahm auch ich immer wieder einmal eine Bachblütenmischung, um innere Unruhe oder Ängste zu heilen. Sie wirken gleichermaßen für Kinder und Erwachsene.

- Reiki (rei = Geist, Seele und ki = Lebensenergie) ist eine Form des Handauflegens, das vom buddhistischen Mönch Mikao Usui wiederentdeckt, gelehrt und verbreitet wurde. Reiki bedeutet so viel wie universelle Lebensenergie. Diese Energie steht immer und für alle zur Verfügung. Durch die Anwendung von Reiki sollen Selbstheilungskräfte aktiviert, Blockaden gelöst, Körper und Geist regeneriert und die Gedanken wieder klarer werden.

Als ich nach der „Reiki-Einweihung" begann, mit Menschen zu arbeiten und ihnen eine Reikibehandlung gab, war es für mich ganz normal, dass ich die feinstoffliche Ebene wahrnehmen konnte. Ich sah Engel, Geistführer oder verstorbene Verwandte, die noch etwas Wichtiges mitteilen wollten. Das Leben der Kunden eröffnete sich mir ganz automatisch und ich konnte sehen, was in ihrem Leben passiert war, das zur Blockade im erwachsenen Leben geführt hatte. Manchmal führte mich die geistige Welt auch in andere Leben zurück, um zu verstehen, woher ein seelisches Problem kam. So konnten diese schmerzvollen Energien mit Hilfe der geistigen Welt transformiert werden.

Erst später erfuhr ich, dass sich nicht allen, die mit Reiki arbeiteten, die feinstoffliche Welt in dieser Form öffnete.

Ich mache diese Arbeit ausgesprochen gerne, denn die bedingungslose Liebe und der Frieden, die in einer solchen Behandlung den Raum füllen, ist unbeschreiblich schön. Auch heute noch biete ich in meiner Praxis energetische Heilbehandlungen an. Sie sind individueller geworden, da ich mein ganzes Wissen mit einbringen kann. Ich sehe mich als Kanal für die geistige licht- und liebevolle Ebene.

Und wenn ich auch diese Arbeit sehr liebe, musste ich mich gleichzeitig selber um eine eigene große innere Blockade kümmern.

Ich hatte nämlich gleichzeitig vor meiner eigenen Medialität und dieser spirituellen Arbeit Angst. Vor allem spürte ich sie, wenn sich ein neuer Kunde in meiner Praxis anmeldete. Die Angst war tatsächlich so groß, dass ich mich fast übergeben musste. Ich arbeitete an diesem Angstgefühl mit Rückführungen, MET, und QI. Es war sehr vielschichtig, und konnte nicht mit einer einzigen Behandlung komplett behoben werden. Ich erkannte, dass ich Angst hatte, verraten zu werden und auf dem Scheiterhaufen landen könnte. Natürlich war sich mein Verstand total darüber im Klaren, dass wir in einer Zeit und in einem Land leben, in dem so etwas nicht mehr passieren konnte. Doch auf meiner Seelenebene war die Erinnerung an mehrere solche Leben sehr präsent. Ich war offenbar schon in früheren Inkarnationen jemand, der mit einem Heilwissen über Kräuter und vielem mehr ausgestattet war. Viele Menschen suchten mich, wenn sie Beschwerden hatten, auf. In früherer Zeit wurde eine solche Frau schnell als Hexe angesehen und verurteilt. Ich habe mehrere solche Leben geführt, und so konnte sich eine sehr tiefe Angst entwickeln. Aber mit diesen oben aufgeführten Heilmethoden habe ich sie überwunden und geheilt.

- MET (Meridian-Energie-Technik) aus dem Buch von Rainer Franke und Ingrid Schlieske ist eine Klopftechnik. Es ist ein Verfahren, bei dem sich energetische Blockaden durch sanftes Beklopfen bestimmter Meridianpunkte dauerhaft auflösen. Zu einer erfolgreichen Persönlichkeitsentwicklung gehört das Loslassen von alten Mustern und Traumas, die unsere Wahrnehmungen verzerren. MET kann dir dabei helfen, sie aufzulösen. Ich habe sehr viele Ängste, Trauer und Wut mit dieser Klopftechnik bei mir selber geheilt. Auch heute noch benutze ich sie, wenn ich das Gefühl habe, dass es für ein inneres Problem die richtige Methode ist.

- QI = Quantenintelligenz. Diese Heilmethode aus dem Buch von Klaus Medicus hilft ebenfalls, Blockaden jeglicher Art zu lösen und dein Potenzial, das in dir steckt, zu mobilisieren, so dass du mehr Glück, Freude und Erfüllung finden kannst. Auch sie ist sehr empfehlenswert.

- Matrix Transformation ist eine eigenständige Methode aus dem Bereich der Quantenheilung, zur Lösung von Blockaden auf seelischer sowie körperlicher Ebene, wie auch zur Klärung von Lebenssituationen im privaten und beruflichen Bereich. Es ist eine 2Punkt-Methode am Körper oder Energiefeld des Menschen und der Einwirkung mittels Intention und Bewusstsein. Ich habe diese Methode bei vielen Themen für mich selber angewendet. Natürlich habe ich jede Heilmethode auch bei meinen Kunden angewendet, falls ich das Gefühl hatte, dass sie die Richtige war.

Mir hatte die Matrix Transformation einmal sehr geholfen. Dazu eine kurze Geschichte. Als ich mich frisch getrennt hatte und mir ein ganz kleines Häuschen kaufte, hatte mir die Bank den Kredit für die Hypothek nicht einfach so gegeben. Ich musste zuerst vorweisen, dass ich genug verdiene. Dies konnte ich zu dieser Zeit noch nicht, da ich nach der Scheidung erst wieder in das Berufsleben einsteigen musste. So hatte mein Exmann für mich eine Bürgschaft unterschrieben, damit die Bank mit einer Hypothek einverstanden war. Nun musste ich zuerst genug verdienen, damit die Hypothek nur noch auf meinen Namen lautete. Mir war es sehr wichtig, dass ich ohne Vorbehalte auf meinen eigenen Beinen stehen konnte. Als ich dann genug Geld verdiente, gab ich die Unterlagen zur Prüfung an die Bank. Mein Berater meinte, dass es in ein paar Tagen erledigt sein wird. Zwei Woche vergingen und ich hörte nichts von der Bank. Bei meiner Nachfrage hieß es, dass sie noch zu keinem Entschluss gekommen seien, ob ich die Hypothek alleine tragen könne. Das stresste mich wirklich unglaublich stark. Ich hatte große Angst, dass der Bank mein Einkommen nicht genügt. Dann dachte ich, dass ich doch die Matrix Transformationstechnik anwenden könnte. Nach der Anwendung fühlte ich tiefen Frieden und wusste, dass nun alles gut wird. Tatsächlich hat der Bankberater ein paar Stunden später telefoniert und mir mitgeteilt, dass die Verantwortlichen gerade eben zugestimmt hätten. Das war für mich eine der intensivsten Erfahrung mit dieser Methode.

Natürlich könnte man nun sagen, dass es Zufall war, aber so fühlte es sich für mich überhaupt nicht an. Ich war mir in diesem Moment sicher, dass es die Veränderung in der Matrix möglich gemacht hatte, dass zu meinen Gunsten entschieden wurde.

- Reinkarnationtherapie oder Rückführungstherapie. Aktuelle psychische und körperliche Probleme können durch frühere Inkarnationen verursacht sein. Erinnerungen an vergangene Leben sind möglich und können durch Vergebung und Liebe Blockaden im jetzigen Leben auflösen. Bei dieser Therapie werden die Menschen liebevoll in und durch ein vergangenes Leben oder in ihre Kindheit zurückgeführt, um das oft schmerzvolle Ereignis aufzulösen und zu heilen.
Über Rückführungen werde ich weiter hinten im Buch ein paar Beispiele bringen.

Es folgten noch Meditationslehrerin, Lebensberater und vieles mehr …

Es gibt so unendlich viele Möglichkeiten der Hilfe. Wenn du dich dafür öffnest, wirst auch du das für dich Richtige finden, für den Fall, dass du Hilfe möchtest. Es muss sich für dich stimmig anfühlen, wenn du dich für eine Heilbehandlung entscheidest. Nicht jede ist für jeden das Richtige. Ich selber habe all diese Weiterbildungen gemacht, weil es zu meinem Weg gehörte. Vieles, das ich während dieser Zeit lernen durfte, diente auch dazu, dass ich mich wieder bis in die tiefsten Ebenen meines Seins erinnere, wer ich in Wahrheit bin. Doch hat es mir vor allem geholfen, einen schweren emotionalen Rucksack zu leeren. Offenbar hatte meine Seele für dieses Leben die Absicht, so richtig heftig aufzuräumen, denn es gab bis zum heutigen Tag unendlich viele Schattenseiten in Form von Ängsten, Trauer, Wut und vieles mehr zu transformieren. Tatsächlich ist es inzwischen so, dass ich die allermeisten Themen aus meinem Rucksack, die ich heilte, vergessen habe. Es wurde aus meiner Festplatte gelöscht. Dafür bin ich sehr dankbar.

Natürlich gab es Transformationen, die ich vielleicht mein ganzes Leben lang nicht vergessen werde. Auf den folgenden Seiten werde ich dir von der einen oder anderen berichten.

Mein Weckruf führte mich zu all diesen Therapieformen, damit ich in erster Linie mich selber heilen lernte. Aber wie gesagt, wenn etwas geheilt ist, gerät es oft in Vergessenheit, da es nicht mehr in unserem Bewusstsein und in unseren Zellinformationen existieren muss. So werden wir frei, den Weg unseres inneren Potenzials zu gehen und das Licht in uns immer stärker wahrzunehmen.

Mit all meinen Weiterbildungen konnte ich nach und nach auch viele Menschen auf ihrem Weg der inneren Heilung begleiten und unterstützen.

Es gibt Viele, die während langer Zeit, oft auch immer wieder im Leben, in Trauer, Angst, Wut und Resignation leben. Andere werden nur ab und zu davon befallen. Für jeden Menschen gibt es Situationen, die den inneren Frieden stören können und die uns aus dem Gleichgewicht werfen.

Warum ist es oft so schwer, einfach immer nur tief glücklich zu sein?

Eine Frage, die mich viele Jahre meines Lebens beschäftigte.

Antworten dazu fand ich im Laufe der Zeit immer mehr und mehr. Ich wendete die Methoden und das Wissen, das ich gelernt habe, unermüdlich an. Ich ging durch die dunkle Nacht der Seele. Fand immer mehr Friede und Lebensfreude. Ich bin sehr dankbar für all die wundervollen Werkzeuge, auf die mich das Leben aufmerksam gemacht hatte. Sie halfen und helfen mir auch heute noch, ein glücklicheres und erfüllteres Leben zu leben. Wenn ich ab und an mit einem Teil meiner Schattenseiten in Resonanz trete, kann ich es schnell transformieren. Denn es ist ein ständiges Wachsen, das Leben ist ständige Veränderung und so bleibt es spannend, unser „Menschen-Spiel".

Vielleicht können diese Methoden und das Wissen auch dir helfen, wieder in die Leichtigkeit und in die Lebensfreude zu kommen. Im Internet findest du sicher Anbieter dieser Heilverfahren, um sie selber zu erlernen oder um dich ein Stück deines Weges begleiten zu lassen. Achte aber immer darauf, dass du nicht in eine Abhängigkeit gerätst. Es ist enorm wichtig, dass du dir deiner Selbstverantwortung bewusst bist und bleibst.

Ich hatte einmal eine Kundin, die eine Zeit lang regelmäßig zu mir in die Praxis kam und wenn ich energetisch arbeite, zeige ich meinen Kunden, was sie selber für sich und ihr eigenes inneres Wachstum machen können. Bei dieser einen Kundin merkte ich nach einiger Zeit, dass sie selber nichts in ihrem Leben geändert hatte und auch nicht verändern wollte. Sie kam nur zu mir, um ihre „Batterien" aufzutanken. Als ich das erkannte, sagte ich ihr, dass das nicht meine Aufgabe sei und bat sie, nicht mehr zu kommen, solange sie nicht bereit ist, an sich zu arbeiten. Man sollte sich wirklich nie abhängig machen, weder von einer Person noch von Tarotkarten oder sonstigem. Eigenverantwortung zu übernehmen ist das, was wir in unserem Leben lernen müssen!

Manchmal kann es aber einfach wichtig sein, Hilfe anzunehmen. Auch ich habe das zwischendurch gemacht, wenn ich irgendwie auf dem „Schlauch" stand und nicht erkennen konnte, was mir das Leben da für eine Lektion bereithält.

Du hast also immer die Wahl, dich zu entscheiden, ob du dein Leben von deinen Blockierungen, also deinen Schattenseiten, bestimmen lässt, oder ob du lieber frei bist und immer mehr dein wahres Sein und dein Potenzial leben möchtest. Es liegt in deinem freien Willen.

Bist du bereit, dich deinen Ängsten und deinem seelischen Schmerz zu stellen? Bist du bereit, dir selber in echter Liebe zu begegnen? Bist du bereit, die Verantwortung für dein Leben zu übernehmen?

Ja? Dann begleite mich weiter auf meinem Weg der Transformation und hin zum inneren Licht.

Wie ich über das Leben denke

Ich möchte dir erzählen, wie ich über das Leben denke.

So wie ich das spüre, erlebe und sehe, sind wir ein Teil der universellen Kraft, die für die Entstehung des Lebens verantwortlich ist. Diese universelle Kraft, für die viele einen anderen Namen haben, wirklich in Worte zu fassen, ist schwer und leicht zugleich. Die Menschen haben darüber sehr unterschiedliche Auffassungen. In meinem Verständnis existiert nichts außerhalb der einen universellen Kraft.

Vielleicht könnte man sagen, dass von Anbeginn der Zeit eine Gedanken-Kraft-Intelligenz war. Diese nennen wir in unserer Sprache Gott, Schöpfungsgeist, Quelle oder universelle Kraft. In Wahrheit ist es reine Gedankenenergie und reine Liebe.

Wie sich diese Intelligenz immer weiter ausdehnte, entstanden unzählige kleinere Teile, welche die gleiche Gedankenkraft, Liebe und Intelligenz besaßen wie der eine große Gedanke. All diese Teile traten in den folgenden Äonen der Zeit in den verschiedensten Formen in Erscheinung. Aber jede dieser Formen musste zuerst als Gedanke existiert haben. Denn nur Gedanken können sich manifestieren. Durch ihre Gedankenkraft entstanden nach und nach die Planeten, Universen und Sonnensysteme. Alles, was je war und ist, alles was je sein wird, trat durch diese Gedankenkraft in Erscheinung. Über die Kraft der Gedanken werde ich später noch weiter eingehen.

So entstand über Äonen der Zeit alles, was existiert.

Von dieser Energie, dieser Gedankenkraft, die wir Gott, Schöpfungsgeist oder universelle Energie nennen, kommen wir. Sie ist der Boden, auf dem wir gehen und die Luft, die wir atmen. Sie ist der Glanz unserer Augen, das Lachen der Kinder, die Sanftheit unserer Berührungen. Es ist eine sich voll auslebende Kraft, die ALLES ist. Sie ist die Gesamtheit des Lebens, jeder pulsierende Augenblick. Sie ist die Macht und das fortwährende Bestehen der Lebenskraft, die Unendlichkeit von allem, was ist. Es ist die allumfassende und völlig urteilsfreie Liebe.

Die Schöpfungsenergie ist immer so, wie wir sie wahrnehmen. Ob wir Liebe, Freude, Glück oder Trauer und Wut wahrnehmen. Alle Empfindungen, alles, was wir sehen und fühlen, ist diese Schöpfungsenergie, denn sie ist reines Sein und außerhalb dieses Seins existiert nichts.

Wenn wir, die wir Schöpferenergie sind, Liebe oder Trauer, Gesundheit oder Krankheit erleben, dann nur deshalb, weil wir uns für das Eine oder Andere entschieden haben. Wir selbst haben es so gewählt, um diese Erfahrung zu machen, um immer mehr und größere Weisheit zu erlangen und um zu erfahren, wer wir sind.

Für all unsere Erfahrungen entscheiden wir uns selbst, bewusst oder unbewusst, es ist unser Wille. Und es geschieht nicht, weil über uns gerichtet wird.

Jeder von uns ist Meister seines eigenen Schicksals, Baumeister seines eigenen Lebens und König in seinem eigenen Reich.

Nur wir selbst können für uns unser größter Lehrer und Freund sein. Es gibt keine andere Stimme, die uns jemals bedeutender lehren kann als unsere eigene. Die Schöpferenergie hat uns die Einzigartigkeit unseres Ichs gegeben und die Freiheit des eigenen Willens, das zu werden, was immer wir uns wünschen, und das Leben so wahrzunehmen, wie immer wir wählen, es wahrzunehmen.

Ich bin allerdings der Meinung, dass es nicht das Wichtigste ist, genau zu wissen, wie das Leben entstanden ist. Da sind sich die Gelehrten auch heute noch nicht wirklich einig.

Die Frage, wie du dein Leben im JETZT am besten meistern kannst, ist wirklich wichtig. Was kannst du selber tun, dass du ein erfülltes, glückliches und gesundes Leben hast? Was brauchst du, dass du mit Leichtigkeit und Lebensfreude deine Zeit hier auf Erden verbringen kannst?

Von vielen Rückführungen in andere Leben, die ich für mich gemacht habe und indem ich auch andere Menschen darin begleiten durfte, sammelte ich viele Erfahrungen. Ich gehe deshalb davon aus, dass unsere Seele in der Regel schon sehr oft als Mensch inkarniert war. Darüber gibt es auch viel Literatur. Zum Beispiel die Bücher von Brian L. Weiss, „Seelenwege" oder „Die zahlreichen Leben der Seele".

Ich bin der Meinung, dass ich ein Aspekt der universellen Energie bin, die sich im Menschsein erfahren möchte. Und zwar in allen Aspekten, die das Menschsein zu bieten hat. Als Mensch habe ich die Möglichkeit, ein großes Abenteuer in der Materie, in der wir spielen können, zu erleben. Materie ist eine Energie, welche grundsätzlich eine niederere Schwingung hat als der Gedanke. Der Mensch ist eine perfekte Verkörperung der universellen Schöpferenergie.

Wir waren schon alles und haben während vieler Leben jeden Aspekt durchlebt. So waren wir schon weiblich und männlich, haben in den verschiedensten Kulturen gelebt und waren Täter sowie auch Opfer.

Ich kann mich gut daran erinnern, was ich bei der Aufarbeitung eines sehr unangenehmen Gefühls bei einer Rückführung erlebte. Ich ging zurück in ein anderes Leben, um in einer bestimmten Lebenssituation Frieden zu finden. Ich hatte bei einer Frau, die ich gar nicht gut kannte, immer das Gefühl, dass sie mir etwas antun könnte. Der Gedanke war in Bezug auf die Situation völlig absurd. Doch wenn etwas in unserer Zellenergie gespeichert ist, gibt es keine Absurdität. Dann fühlt sich alles sehr real an. Die Rückführung ergab dann tatsächlich, dass sie mich in einem anderen Leben, in dem ich eine junge Frau und sie ein Mann gewesen war, auf furchtbare Weise ermordet hatte. Den ganzen Schrecken dieser Tat nahm ich als Information auf der seelischen Ebene und somit auf meinem Zellbewusstsein in das heutige Leben mit. Nachdem ich dieses seelische Trauma mit Hilfe der Erkenntnis und des Verzeihens aufgelöst hatte, spürte ich, dass ich noch weiter zurück in ein anderes Leben gehen sollte. Dort angekommen, erkannte ich, dass ich die andere Frau, damals waren wir beide Männer und Gefangene in einem schrecklichen Gefängnis, wegen eines bisschen Essens umgebracht hatte, nur um selber die Chance zu haben, noch ein bis zwei Tage länger zu leben. So sucht unsere Seele im Leben den Ausgleich. Und immer, wenn wir es nicht optimal verarbeiten konnten und noch schmerzvolle Informationen auf unserer Zellebene bestehen, sucht unsere Seele die Möglichkeit, es zu transformieren. Und die Möglichkeiten bekommen wir durch all die Lebenssituationen, denen wir begegnen und durch die wir gehen. Dies sind zumindest meine Erfahrungen.

Wir wünschten uns als reines Bewusstsein, alles zu fühlen und zu erfahren, mit dem Ziel, die Weisheit zu erlangen und das größte Mysterium aller Zeiten zu entschlüsseln; uns selbst.

All die Erfahrungen, welche wir jeweils in einer körperlichen Hülle gemacht haben, wurden für immer in unserer Seele als Gefühl aufgezeichnet. Und all das Erlebte macht unsere Persönlichkeit aus. So kommen wir auch mit unserer ganz eigenen Persönlichkeit als kleines Kind auf die Welt. Keines ist selbst als Kleinkind gleich wie ein anderes. Unser Körper ist wie ein Fahrzeug oder Transportmittel, das unserer Seele, unserem Sein erlaubt, uns in der physischen Ebene zu bewegen, um unsere Gedanken und Gefühle zu manifestieren.

Unser Körper dient uns dazu, das „Spiel des Lebens" zu spielen.

Was unserer körperlichen Hülle ihre besondere Eigenschaft, Vitalität und Charakter gibt, ist die unsichtbare Essenz der Seele und des Gedankens, welche Energien sind. Ohne diese wäre kein physisches Leben möglich.

Wie ich bereits erwähnt hatte, ist es so, dass wir durch das Eintreten in die physische Welt die Erinnerung an unser wahres Sein langsam vergessen. Und so geschieht es, dass wir beginnen, uns mit dem physischen Körper zu identifizieren und denken, wir sind der Körper. Doch tatsächlich ist es nicht so, dass wir in unserem Körper sind, denn in Wahrheit ist der Körper in uns. Unsere Seelenenergie dehnt sich, je nach unserer Entwicklung, weit über unseren Körper hinaus aus.

Unser höchstes Bewusstsein ist immer durch die Intuition mit uns in Verbindung. Sie würde uns unseren optimalen Lebensweg Schritt für Schritt zeigen, wenn wir bereit wären, auf sie zu hören. Leider entscheiden sich viele Menschen dazu, ihrem Verstand und ihrem Ego mehr Glauben zu schenken als ihrer Intuition. Denn in Wahrheit diktieren unsere bewussten und unbewussten Ängste unsere Entscheidungen. Durch diese Tatsache kommen wir immer und immer wieder auf die Erde, weil wir so nicht unsere höchste Energie leben. Bis wir von innen heraus bereit sind, auf unsere innere Stimme, die Stimme der Seele und unseres wahren Selbst zu hören. Damit wir in Liebe, Friede, Freude und Harmonie durch das Leben gehen und immer größere Weisheit erlangen können.

Wir selbst sind der Schöpfer unseres Lebens.

Die Vorstellung, das Leben als mein eigenes Theaterspiel zu sehen, in dem ich Regisseur und Schauspieler gleichzeitig bin, gefällt mir.

Das unendliche Selbst, das du bist, spielt hier auf der Erde das „Menschen-Spiel". Da du dich aber in der Regel voll in diesem Spiel verlierst, vergisst du, dass es nicht wirklich echt ist. Und so kommt es, dass du das Spiel als Wahrheit siehst und lebst. Du identifizierst dich mit deinem Körper und deinem Ego und vergisst dabei, dass du die Schöpferenergie selbst bist. Und trotzdem wirst du in diesem Spiel des Vergessens immer wieder auf verschiedene Weise auf deine wahre Kraft aufmerksam gemacht, damit du die Möglichkeit erhältst, bewusst als Schöpfer das Menschenleben zu gestalten. Du kannst dich dafür entscheiden, dich dafür zu öffnen, oder auch nicht. Es ist deine freie Wahl, ob du den Wink des Lebens, der dich daran erinnern will, welche großartige Kraft du bist, für dich nutzten willst oder nicht. Ein Wink kann zum Beispiel durch einen Menschen, der dir begegnet, einer Lebenssituation, einem Buch oder einem Gespräch und vieles mehr gegeben sein. Es fallen Worte, Sätze oder es entstehen daraus Gefühle, die dich in deinem Inneren aufwecken können. Du kannst, wie gesagt, dann darauf reagieren und dem inneren, erwachten Gefühl nachgehen oder eben auch nicht. Ganz nach deinem freien Willen. Falls du dich dagegen entscheidest, wird das Leben sicher zu einem späteren Zeitpunkt einen weiteren

Impuls geben. Es wird dich unermüdlich dabei unterstützen, dass du deine wahre Kraft erkennen und leben kannst, um deine selbst gewählte Lebensaufgabe möglichst erfolgreich zu leben.

Ich denke, dass die Zeit nun da ist, dass die Menschen sich aus dem unbewussten „Menschen-Spiel" in ein bewusst gelebtes Spiel begeben. Beim bewussten Spiel bist du sehr bewusst der Schöpfer deines Lebens, beim unbewussten Spiel fühlst du dich noch immer als Opfer der Umstände.

Es ist wichtig, dass du verstehst, dass *alles,* was du erlebst, in deinem Bewusstsein erschaffen wurde. Und das Bewusstsein bist du.

Dein unendliches Selbst kontrolliert, was in deinem Leben passiert. Alles wird von einem ausgeklügelten Plan bestimmt, der sich aus deinen Lebenszielen und deiner Mission ergibt und dir ermöglicht, das „Spiel des Lebens" so zu spielen, wie du es spielen möchtest. Auch wenn du vielleicht der Meinung bist, dass du dies nicht bewusst gewählt hast, so hat es doch deine Seele so gewählt.

Nehmen wir das Gedicht von Hermann Hesse, „Das Leben, das ich selbst gewählt". Es beschreibt, dass du dir vor der Geburt sehr bewusst bist, was dich im Leben erwarten wird, da es selbst gewählt ist.

Aber warum ist das Leben nicht nur Freude, Liebe und Glück?

Schau, wie willst du wissen, wie sich das Gefühl der Liebe anfühlt, wenn du nie Hass kennengelernt hast? Wie willst du wissen, was Licht ist, wenn du nie die Dunkelheit erfahren hast? Wie willst du wissen, wie sich Glück anfühlt, wenn du nie Traurigkeit erlebt hast? Alles im Leben geht über Gefühle, ohne Gefühle ist alles Nichts.

Du hattest auf einer höheren Ebene den Wunsch, all diese Gefühle kennenzulernen und zu leben. Armut und Reichtum, Krankheit und Gesundheit, Friede und Krieg, alle Aspekte von

Yin und Yang. In all deinen Inkarnationen hattest und hast du die Möglichkeit, alle Aspekte deines Seins zu erleben und zu leben.

Wenn du ein Theaterspiel oder einen Kinofilm anschaust, dann leben die Darsteller ihre Rolle sehr authentisch, sonst wäre es nicht spannend. Da gibt es ein Drehbuchautor, einen Regisseur und einen Hauptdarsteller, und im Leben bist du alle drei zusammen. Nur vergisst du einige Zeit nach der Geburt, dass du selber das Drehbuch geschrieben hast, in dem die wichtigsten Lektionen und Stationen deines Lebens beschrieben sind. Sonst würde es alle Spannung wegnehmen und das wäre langweilig.

Wisse aber, dass das Leben gleichzeitig auch nicht in Stein gemeißelt ist! Du entscheidest jeden Augenblick, bewusst oder unbewusst, welchen Weg du einschlagen möchtest und weiter gehst. Dein freier Wille wurde dir gegeben, damit du auch jederzeit einen anderen Weg einschlagen kannst. Du bist dem Leben nicht ausgeliefert, es liegt in deiner Macht, mit deinem bewussten Sein alles zu verändern. Denn wenn du dich für das Licht und die Liebe entscheidest, verändert sich auch dein Drehbuch. Aber vor allem wirst du von innen heraus, anders auf das Leben reagieren.

Dinge geschehen im Leben und es ist nicht immer nur schön. Doch nur du selbst entscheidest, aus deiner inneren Energie heraus, wie du auf ein Ereignis reagierst. Das bestimmst immer nur du alleine. Mit deiner Entscheidung und deiner Bereitschaft, wie du das Leben sehen möchtest, entscheidest du, ob dein Leben erfüllt und glücklich ist oder nicht.

Ich denke, wenn du dieses Buch liest, bist du an einem Punkt in deinem Leben angekommen, in dem es für dich Zeit wird, dein spirituelles Wesen, das du bist, bewusster zu leben. Dass es Zeit ist für dich, aus dem „Menschen-Spiel" des Vergessens auszubrechen. Dass die Zeit gekommen ist, bewusster dein grenzenloses, spirituelles Wesen, dein ganzes Potenzial hier auf dieser Erde zu leben. Es ist die Zeit gekommen, den Schöpfer in dir bewusst zu leben und die immer wieder kehrende Spirale des Schmerzes zu durchbrechen.

Meine Erfahrungen mit Rückführungen

Es ist der Wunsch deiner individuellen Seele, das Erdenleben in all seinen Aspekten zu erleben und kennenzulernen. Doch dadurch, dass sie jeweils vergessen hat, dass es ein Spiel ist, konnte sie verschiedene schlimme Erfahrungen und Traumata im Energiefeld nicht mehr transformieren und somit neutralisieren. Deshalb nahm die Seele diese Verletzungen in Form von Zellinformationen jeweils in das neue Leben mit, um sie zu heilen.

Durch Rückführungen in andere Leben wurde mir bewusst, dass sich unsere Seele mehr als alles andere wünscht, ihren Seelenschmerz zu heilen, der durch das Vergessen, wer wir wirklich sind, entstanden ist.

Während den Rückführungen, die ich mit mir selbst oder mit und für andere Menschen gemacht habe, fand ich heraus, dass wir immer die Aspekte in ein neues Leben mitnehmen, die noch nicht in Liebe verstanden oder transformiert und geheilt wurden.

Erlebnisse aus anderen Leben, die uns zum Teil sehr stark traumatisiert hatten, wollen wieder in Liebe umgewandelt werden.

Ich gebe dir ein paar Beispiele.

Ein Mann, nennen wir ihn Peter, kam zu mir in die Praxis, weil er viele Alpträume hatte. Bei der energetischen Behandlung wurde mir gezeigt, dass Peter in einer anderen Inkarnation im Krieg war und eine führende Position hatte. Er musste Entscheidungen treffen, die folgenschwer waren. Die Kriegsführung sahen keine Überlebenden vor. Als das furchtbare Gemetzel vorbei war, bekam Peter Gewissensbisse. Er sah, was für ein unsägliches Leid er durch seinen Entscheid verursacht hatte. Dies konnte er sich nie vergeben, mehr noch, er hatte sich geschworen, dass er nie wieder eine Waffe in die Hände nehmen würde, um damit zu schießen. Und als er damals starb, fühlte er sich immer noch schuldig.

Als ich mit Peter darüber sprach, war er erstaunt. Denn er konnte jetzt, in diesem Leben, tatsächlich kaum eine Waffe in die Hand nehmen. Sofort fühlte er sich unglaublich schlecht, damit zu schießen war für ihn unmöglich. Deshalb war es für ihn ein Ding der Unmöglichkeit, die Rekrutenschule zu absolvieren. Durch die Erkenntnisse in der Rückführung und dadurch, dass er sich bewusst vergeben hatte, verbesserten sich die Alpträume.

Da war die Frau, nennen wir sie Katrin, die sehr viele Ängste wegen ihrer Tochter durchgestanden hatte. Katrin hatte zwei Kinder, doch nur bei ihrer Tochter empfand sie irrationale Ängste. Wenn die Tochter nicht rechtzeitig zu Hause war oder sie sie nicht per Handy erreichen konnte, fühlte Katrin große Angst. Es waren nicht die normalen Sorgen, es gipfelte oft in völlig übertriebener Panik. Eine Rückführung ergab, dass die Tochter schon einmal Katrins Tochter war. In dieser anderen Inkarnation geschah etwas Schreckliches. Ihre kleine Tochter wurde ihr von einem anderen Völkerstamm geraubt. Katrin war im damaligen Leben entsetzlich traumatisiert. Sie trauerte sehr über den Verlust ihres Kindes und machte sich ein Leben lang große Sorgen, denn sie wusste nicht, was das andere Volk mit ihrer kleinen Tochter gemacht hatten und ob sie überhaupt noch lebte. Den seelischen Schmerz und die Angst überwand sie bis zu ihrem damaligen Tod nicht.

Bei der Rückführung konnten wir nach ihrem Ableben schauen, wie es ihrer Tochter bei dem anderen Volk ergangen war. Katrin sah, dass es ihr gut ging und sie gut umsorgt wurde und ein vollständiges Mitglied dieses Volkes wurde. Das zu sehen, schenkte Katrin Vergebung und Frieden. Sie konnte so ihre irrationalen Ängste ein großes Stück ablegen.

Eine sehr krasse Geschichte ist folgende, und es ist meine eigene Geschichte.

Als mein Exmann einige Zeit nach unserer Trennung eine neue Partnerin kennenlernte, passierte in mir etwas Seltsames. Mein Mann und ich ließen uns in Liebe scheiden und verstanden uns trotz der Trennung sehr gut. Wir halfen uns auch gegenseitig bei unserem Neuanfang. Doch als mein Exmann diese neue Partnerin hatte, fiel ich von einem Moment auf den anderen in einen tiefen Schmerz, in eine Depression, in der ich über Selbstmord nachdachte. Dazu muss ich sagen, dass ich bis zu diesem Zeitpunkt schon ein schönes Stück aus meinem „Rucksack" transformiert hatte. Ich war der Meinung, dass die wirklich schlimmen Themen abgehakt waren. Da wurde ich nun vom Leben eines Besseren belehrt.

Ich verstand die Welt nicht mehr, freute ich mich doch sehr auf den Neuanfang und das, was vor mir lag. Aber aus einem mir damals unbekannten Grund war ich wochenlang in einem unendlich tiefen Schmerz gefangen. Die Tränen flossen fast unaufhörlich. Ich fühlte mich in einer unglaublich tiefen, seelischen Not. Täglich überlegte ich mir, von wo oder von was ich mich hinunterstürzen könnte, um mir das Leben zu nehmen.

Zum Glück war ein kleiner Teil in mir sich dieser unwirklichen Situation bewusst und sagte sich, dass das irgendwie nichts mit mir zu tun haben kann. Doch der Schmerz und die tiefe Trauer wollten einfach nicht weichen und ich spürte den Schmerz in jeder Zelle meines Körpers. Ich hatte kaum noch Kraft, um zu leben.

Eines Nachmittags ging ich mit meinem Hund Jacky am See spazieren. Ich war in einer total schlechten seelischen und emotionalen Verfassung. Nun überlegte ich mir, in den See hinauszuschwimmen, bis ich keine Kraft mehr habe und ertrinke. Doch die Anwesenheit meines Hundes ließ mich zögern. Ich liebte ihn so sehr, dass ich ihn nicht hätte alleine lassen können. In meiner Verzweiflung rief ich tränenüberströmt die geistige Welt an: „Bitte helft mir. Ich ertrage diesen Zustand und diese Schmerzen keinen Tag länger. Bitte, bitte helft mir!" Dann vernahm ich eine klare Antwort: „Geh nach Hause und mache eine Rückführung, dann wirst du verstehen."

Dass ich selber noch nicht auf die Idee kam, war, weil mich der Schmerz dermaßen lähmte, dass ich gar nicht daran denken konnte.

Zuhause angekommen, ließ ich mich in den Schmerz hinein sinken und fand mich in einem anderen Leben wieder als Frau in einem schönen langen Kleid. Es war ein wunderschöner Frühlingstag. Es musste wohl einige Zeit vorher irgendeinen Bürgerkrieg gegeben haben, denn es gab Bauruinen, an denen ich vorbeispazierte.

Ich spürte, dass ich bereits in diesem anderen Leben mit meinem Exmann verheiratet und überaus glücklich mit ihm war. Dieser betrog mich aber damals. Ich hatte ihn auf meinem Spaziergang dabei erwischt, wie er zärtlich mit einer anderen Frau auf weichem Stroh in einer Bauruine lag. Tränenüberströmt rannte ich davon und stürzte unabsichtlich in einen Abgrund. Ich starb, ohne auch nur die Möglichkeit zu haben, einen Teil des Schmerzes zu verarbeiten und zu heilen. Ungefiltert erlebte ich nun diesen Schmerz wieder, als dieselbe Frau, die damals seine Geliebte war, im jetzigen Leben die „Bühne" betrat. Als ich die Zusammenhänge verstand, konnte ich vergeben und den Schmerz in mir heilen.

Tatsächlich hatte ich während unserer Partnerschaft zwischendurch so ein Gefühl, als könnte ich meinem Partner nicht ganz trauen. Mir wurde durch diese Rückführung bewusst, welchen Ursprung dieses Gefühl hatte.

Ich möchte noch kurz erwähnen, dass ich niemandem empfehle, eine Rückführung alleine durchzuführen. Es sollte immer jemand dabei sein, der sich darin auskennt. Ich mache Rückführungen für mich alleine, weil mich die geistige Welt darin begleitet.

Meine Geschichte kann auch eine Erklärung dafür sein, warum es Menschen gibt, die von einem Moment auf den anderen ohne ersichtlichen Grund irgendeine Phobie oder Ängste entwickeln können. In diesen Fällen hat irgendetwas ihre Seele und ihre Zellinformationen aktiviert, und deshalb reagieren sie unbewusst darauf. Es gibt Menschen, die können zum Beispiel von einem Tag auf den anderen nicht mehr nach draußen gehen oder entwickeln eine unbegründete Höhenangst oder anderes. Und wie man sieht, könnten zum Beispiel unerklärliche Ängste, aber auch Phobien, relativ schnell geheilt werden.

Alles im Leben hat einen Grund und einen Ursprung, dessen bin ich mir ganz sicher. Wenn diese gefunden werden, ist Heilung oft in kurzer Zeit möglich.

In diesen Beispielen wird deutlich, dass wir tief in uns den Wunsch haben, diese schmerzvollen Erfahrungen zu heilen. Wir werden immer wieder an die Situationen herangeführt, die es noch zu heilen gilt. Wir nehmen sie so lange mit, bis sie transformiert werden. Wenn wir es in diesem Leben nicht schaffen, erhalten wir in einem späteren Leben die Gelegenheit dazu. Bis sie in Liebe, Verständnis und Vergebung gewandelt wurden. Wir haben viele Leben gelebt und es war nicht immer leicht. Wir haben alle dabei Schönes und Schlimmes erlebt. Unsere Seele entscheidet, welche noch nicht transformierte Blockaden, auch Schattenseiten genannt, sie in diesem Leben heilen möchte.

Noch eine letzte Geschichte, die ich auch sehr interessant finde. Hier hat nicht der Kunde eine Rückführung gemacht, sondern ich wurde bei der energetischen Behandlung, die ich für ihn machte, in ein anderes Leben geführt.

Der Mann, nennen wir ihn Erwin, kam also zu mir in die Praxis. Er stand gerade kurz vor seiner Pensionierung. Erwin empfand deshalb ein Gefühl der Angst in sich. Dies konnte er sich nicht wirklich erklären, denn er freute sich auf die Pensionierung und auf die Möglichkeit, die freie Zeit für sich zu nutzen.

Als wir miteinander tiefer ins Gespräch gingen, meinte er zu mir: „Eigentlich fühlt es sich an, als müsste ich bald sterben." Das machte ihm Angst. Denn er war ein aktiver und körperlich vitaler Mann. Bei der Behandlung führte mich die geistige Welt zurück, um mir zu erklären, welche Zellinformationen bei Erwin zurzeit an die Oberfläche gekommen sind.

In früheren Zeiten und auch heute noch in vielen Ländern und Völkern gibt es so etwas wie die Pensionierung nicht. Vielerorts kennt man nicht einmal Altersheime.

Nun hatte Erwin in seinem Unbewussten folgende Erfahrung aus einem anderen Leben als Wahrheit programmiert. Und zwar, dass ein Mensch arbeitet, bis im hohen Alter langsam die Kräfte nachlassen und daraufhin stirbt der Mensch. Einen anderen Grund als den, dass man bald sterben wird, gibt es nicht, um nicht mehr ein vollständiges und mitwirkendes Mitglied eines Volkes zu sein. Diese Wahrheit war sehr stark in ihm verankert. Deshalb tauchte aus dem Unbewussten das Gefühl auf, dass er sterben würde, wenn er die Arbeit „niederlegt".

Als Erwin verstanden hatte, dass es nur eine alte Programmierung war, konnte er diese Angst loslassen. Zusätzlich gab ich ihm eine Affirmation mit, damit er das Gefühl stärken konnte, dass er sein Leben auch noch nach der Pensionierung sinnvoll gestalten kann. Dass er es genießen darf und trotzdem noch ein wichtiges Mitglied in der Gesellschaft und für seine Familie ist.

Was ist nun aber, wenn diese Programmierung in vielen Menschen aktiv ist? Wie oft höre ich von Menschen, die pensioniert werden und kurze Zeit danach sterben. Oder sie springen nur noch von einem Arzttermin zum anderen oder von der einen Operation zur anderen. Könnte es sein, dass bei einigen vielleicht auch eine solche Programmierung zugrunde liegt? Ich weiß es nicht, aber möglich wäre es.

Manchmal nehmen wir ein oder mehrere Themen von einem Leben in das andere mit, unfähig es zu heilen. Manchmal ist die Angst zu groß, sich mit dem inneren Schmerz auseinanderzusetzten oder wir fallen immer wieder so sehr ins Vergessen, dass wir uns unseres wahren Selbst nicht bewusst werden können. Doch glaube ich, dass das Leben und unsere innere Kraft uns immer wieder die Möglichkeit geben, in Liebe zu leben. Es wird viel darangesetzt, dass wir die Möglichkeit bekommen, uns unserer Blockaden bewusst zu werden, damit wir sie heilen können. Denn ich denke, dass wir inzwischen schon alle Erfahrungsbereiche durchleben durften und wir jetzt an einem Punkt angekommen sind, in der wir unsere wahre

Kraft leben und frei von seelischem Schmerz und Blockaden werden können.

Nun stellt sich die Frage: „Bist du in diesem Leben bereits bereit, den Schmerz, die Blockierungen und die Schattenseiten zu transformieren, und bereit, die ganze Verantwortung für dein Sein und dein Leben zu übernehmen, um so dein ganzes Potenzial ausschöpfen zu können?"

Schlussendlich kann alles im Leben eine Aufforderung sein, um zu wachsen und so immer mehr zu deiner vollen inneren Kraft zu gelangen.

Es ist so, dass jeder Mensch auf Worte, Taten oder Ereignisse auf seine ganze eigene Weise reagiert. Was den einen verletzt oder völlig aus der Fassung bringt, lässt den anderen unbeeindruckt. Wenn etwas im Außen mit einer deiner blockierenden Schattenseiten in Resonanz tritt, reagierst du mit einer Form des Unwohlseins. Wut, Angst oder Trauer steigen in dir hoch. Du kannst diese Gefühle dann auch nicht so einfach abschütteln und ignorieren. Sicher geht das Gefühl früher oder später wieder vorbei und du denkst, dass du es hinter dir gelassen hast. Du kannst dir aber sicher sein, dass es irgendwann wieder auftauchen wird, meist in einer ganz anderen Lebenssituation, falls du versäumt hast es zu transformieren.

Verstehe, dass niemals die anderen für deine Gefühle verantwortlich sind, sondern immer du selber. Aber da du selber für deine Gefühlswelt verantwortlich bist, hast du auch die Macht, sie zu verändern. Es gibt dir die Möglichkeit, innerlich zu wachsen und erwachsen zu werden. Erwachsen sein hat nichts mit dem Alter zu tun, sondern damit, wie viel Eigenverantwortung du in deinem Leben übernimmst. „Erwachsen" beinhaltet ja das Wort „wachsen". Wir sind aufgefordert, in uns zu wachsen, stark und selbstbewusst zu werden, um unsere ganze Kraft zu leben.

Du kannst darauf vertrauen, dass du dich in deinem Leben immer am optimalen Ort und am besten Platz, den es für dich zum jetzigen Zeitpunkt gibt, befindest. Ich weiß, dass das vielleicht nicht für jeden so einfach ist zu glauben und anzunehmen. Doch der Ort und die Lebenssituation, in der du bist, spiegeln Aspekte von dir, deinen lichtvollen Seiten, aber auch von deinen Schattenseiten wider. So helfen sie dir, dich selbst zu erkennen, deine Innenwelt zu reflektieren und somit bei deinem inneren Wachstum. Vertraue darauf, dass alles seine Richtigkeit hat, und stelle dir die Frage, was dich das Leben in diesem Augenblick und in der momentanen Lebenssituation lehren möchte? Horche in dich hinein und vertraue deiner inneren Weisheit, damit du immer mehr und mehr dein inneres Licht leben kannst.

Der Nebel verdeckt das strahlende Licht

Im Moment schau ich gerade aus dem Fenster und sehe eine dicke „Nebelsuppe". Die Sicht reicht kaum bis zum nächsten Baum. Alles sieht grau, kalt und eintönig aus.

Viele Menschen verbringen ihr Leben in einer Art „Nebelsuppe". Sie sind überzeugt, dass das, was sie sehen, alles ist, was existiert. Sie sind in einer Kurzsichtigkeit gefangen, ohne etwas davon zu ahnen. Erst wenn sich der Nebel verzieht, sehen sie, welchem Irrtum sie verfallen sind.

Du kennst sicher auch das unbeschreibliche erhebende Gefühl in der Herbstzeit, wenn du den dicken Nebel hinter dir lässt und dich die Weite, der blaue Himmel und die wundervolle Wärme der Sonne erreicht und beglückt. Gefangen im Nebel kannst du dir kaum vorstellen, wie wundervoll und farbenfroh es über dem Nebel ist. Es wirkt auf uns, als wäre es ein komplett anderes Leben. Doch es ist dasselbe, nur entweder mit oder ohne Nebelschleier.

Genau das erleben viele, wenn sie ihre Schattenseiten transformieren. Der Nebel verschwindet und an seiner Stelle scheint das Licht der wärmenden Sonne. Alles wird farbenfroher, weiter, bunter, lebendiger und schöner. Du wirst immer mehr und mehr die Großartigkeit deines Lebens erkennen und verstehen. Glück, Gelassenheit, Lebensfreude und innerer Frieden werden dich in deinem Leben begleiten. Und du tauchst ein in die Glückseligkeit des Seins.

Dein Leben spiegelt dir sehr viel Schönes und Erfreuliches, darüber solltest du dich freuen. Wenn du eine wunderschöne, vollkommene Blume betrachtest oder einen schönen Sonnenuntergang oder sonst etwas, was dein Herz erfreut, so darfst du dir sicher sein, dass du dieses Schöne auch immer in dir trägst und in dir findest. Darin gibt es nichts zu transformieren, es spiegelt das Schöne in dir. Du kannst diese Tatsache genießen, denn du kannst im Außen wirklich nur das sehen und wahrnehmen, was in dir energetisch vorhanden ist.

Dasselbe gilt auch für das, was du im Außen nicht so toll findest und was dich belastet. In der Zeit, als ich noch sehr jung war und nicht viel vom Leben erwartete, spiegelte mir das Leben genau das. Mit meiner Einstellung, dass das Leben wie eine Hühnerleiter ist, konnte ich im Außen nicht wirklich das Wunder sehen, das mir heute überall begegnet.

Ich hatte, wie viele andere auch, einen schweren Rucksack in dieses Leben mitgenommen. Darin befanden sich sehr viele Ängste, Misstrauen, Zweifel, Trauer, kaum Selbstwertgefühl, Wut und vieles mehr. Es gab Zeiten, da fühlte er sich so schwer an, dass ich ihn kaum tragen konnte. Doch bei jeder Überwindung eines Schattenbereichs wurde es leichter. Und du kannst mir glauben, es waren wirklich viele. Wie ich schon erwähnt habe, ist das Schöne an der Transformationsarbeit, dass du die Themen deiner Schattenseiten tatsächlich in den meisten Fällen vergisst, wenn du sie geheilt hast. Sie verschwinden von der Bildfläche des Lebens und auch auf der Gefühlsebene. So habe ich das zumindest erlebt. An die meisten Transformationen kann ich mich nicht mehr erinnern. Sie wurden auf meiner Festplatte gelöscht, weil ich die Lektion gelernt hatte. Ich weiß einfach noch, dass es unendlich viele waren.

Mein Rucksack ist auch heute noch nicht ganz leer, aber leicht genug, um mit Lebensfreude und Leichtigkeit durchs Leben zu gehen.

Wenn du den Mut hast, die Verantwortung für dein Leben WIRKLICH zu übernehmen und deine Schattenseiten zu heilen, können gewaltige Kräfte freigesetzt werden und diese Kräfte können in deinem Leben wahre Wunder bewirken.

Zu diesem Thema gibt es universelle Gesetze. Im Folgenden dazu zwei passende. Universelle Gesetze haben auf der ganzen Welt und für jeden Menschen die gleiche Gültigkeit. Sie wirken für alle gleich.

Das Gesetz von Ursache und Wirkung

Alles, was auf dieser Welt geschieht, gehorcht dem Prinzip von Ursache und Wirkung. Es kann sich nichts in unserem Leben ereignen, was wir nicht verursacht haben. Immer gibt es einen Zusammenhang zwischen dem, was war, und dem, was folgt. Wir können zwar tun und lassen, was wir wollen, aber die Verantwortung für die Auswirkung unseres Tuns müssen wir immer selber übernehmen. Nur wenn wir dieses Gesetz verstanden haben, können wir unsere Zukunft *bewusst* gestalten.

Geistiges Wachstum ist nur möglich, wenn wir verstehen lernen, welche Auswirkung unser Denken und Handeln hat. Das Gesetz von Ursache und Wirkung ist daher das, was uns zu bewussten Schöpferwesen macht.

Wir haben in jedem Augenblick die Möglichkeit, in die Kette von Ursache und Wirkung einzugreifen, eine Wirkung zu verändern, oder eine neue Ursache zu setzten, und so unser Leben neu zu kreieren.

Das Gesetz der Resonanz

Da Resonanz auf lateinisch resonare = zurückbringen bedeutet, besagt dieses Gesetz, Gleiches zieht Gleiches an und wird durch Gleiches verstärkt. Du ziehst nicht nur die Menschen an, welche zu deinem Schwingungsfeld passen, du nimmst auch auf der seelischen Ebenen Energien, Schwingungen und Stimmungen auf, für die du empfänglich bist. Hast du also z. B. Gedanken der Angst, also ängstliche Schwingungen, so ziehst du auch das an, was du befürchtest. Gedanken der Liebe ziehen Liebe an.

Jeder Mensch kann immer nur Bereiche der Wirklichkeit wahrnehmen, für die er Resonanzfähigkeit besitzt. Dies gilt für die Wahrnehmung der gesamten Wirklichkeit.

Ich habe einmal von einem Experiment gehört, das diese Aussage unterstreicht. Man hat verschiedene Menschen, die daran teilnehmen wollten, einzeln einen Weg entlang geschickt. Es wurde ihnen gesagt, dass sie in einer Waldhütte für ein Gespräch erwartet werden. Was sie aber nicht wussten, war, dass auf dem Weg ein größerer Geldschein gut ersichtlich auf den Boden gelegt wurde.

Als die Versuchspersonen jeweils einzeln in der Hütte angekommen sind, wurden ihnen verschiedene Fragen gestellt. Eine davon war natürlich, ob sie den Geldschein gefunden und eingesteckt haben.

Das Experiment zeigte eines ganz klar: diejenigen Menschen, die viel Gutes im Leben sehen konnten und Gutes vom Leben erwarteten, also eine positive Lebenseinstellung hatten, fanden allesamt den Geldschein. Die anderen, die das Leben negativ wahrnahmen, und nichts Gutes vom Leben erwarteten, konnten den Geldschein nicht sehen. Sie sind einfach daran vorbeigelaufen, ohne dass sie darauf aufmerksam wurden. Vielmehr erzählten sie, dass sie viel Müll auf dem Boden gesehen haben.

Es liegt ganz in der Freiheit deiner Wahl, welchen Schwingungen du dich öffnest, welchen du dich verschließt, welche du verstärkst oder reduzierst.

Jeder einzelne von uns hat die Macht, sich für die Schwingungen der Liebe, für Harmonie, Reichtum und Freude zu entscheiden. Sobald die lichtvollen Energien in dir schwingen, wirst du nach dem Gesetz der Resonanz genau diesen Energien auch im Außen begegnen.

Das Leben, Spiegel meiner Seelenenergie

Das Leben, das du erfährst, widerspiegelt also deine Innenwelt.

Es ist verständlich, dass du das nicht gerne hörst, doch wenn du ganz in deine Kraft kommen und dein ganzes Potenzial leben möchtest, ist es wichtig, die volle Verantwortung für dich und dein Leben zu übernehmen. Das heißt, dass du im Besonderen das, was du durch deine Resonanzfähigkeit anziehst, und dies dir nicht gefallen sollte, mit einer Spiegelarbeit verändern kannst. Das Leben hilft dir dabei auf ganz einfache Weise, in dem es dir überall den Spiegel vorhält und dir ermöglicht, dich selber zu erkennen.

Aber bitte verstehe, dass das nicht notwendigerweise heißt, dass du dich genauso verhältst, wie es dein Umfeld tut. Jedoch spiegelt sie dir etwas, das in dir verankert ist. Es sind sehr oft alte Zellinformationen, die du entschieden hast, zu heilen. Und darauf wirst du unermüdlich aufmerksam gemacht.

Immer wieder entstehen in deinem Leben Situationen, in denen du dich unwohl fühlst. Menschen verhalten sich nicht so, wie du gerne hättest oder ganze Lebenssituationen lösen in dir Unbehagen und Stress aus. Nun kannst du ja nicht all das sein, mit dem du dich da auseinandersetzen sollst. In der Tat, so ist es nicht. Du musst nur auf die Botschaft deines *Gefühls* hören. Das Gefühl, das du bei deinem Spiegelbild im Außen wahrnimmst, darum geht es. Es gibt dir einen Hinweis, was in dir zu heilen ist.

Deine Kinder, falls du welche hast, und dein Lebenspartner, aber auch deine Eltern und Geschwister, sind wundervolle Spiegelbilder. Sie alle gehören zu unseren größten Lehrern. Und es ist wichtig, dass man ihnen gegenüber dankbar ist, denn sie spiegeln uns immer alles in Liebe, auch wenn das oft aus unserer Perspektive nicht ersichtlich und oft schwer zu glauben ist.

Also zum Beispiel mein Exmann war ein sehr guter Lehrer für mich. Ich durfte durch ihn sehr viel über mich selber erfahren und lernen. Als ich lernte, meine schmerzvollen Gefühle mit der Spiegelarbeit zu heilen, hatten wir nicht gerade eine so gute Zeit miteinander. Aber schon bald, nachdem ich die Bereiche, die er in mir getriggert hatte, auflöste und heilte, verbesserte sich unsere Beziehung zunehmend. Durch sein Verhalten fühlte ich mich zum Beispiel immer wieder mal ungeliebt. Doch war das nur mein persönliches Empfinden, das ich durch seine Art mir gegenüber wahrnahm. Durch die Spiegelarbeit erkannte ich, dass in Wirklichkeit meine Liebe zu mir selber nicht stark genug war. Nun konnte ich diese Energie, die sich in vielen Facetten zeigte, nach und nach in mir heilen. Umso stärker die Liebe zu mir selber wurde, umso mehr Liebe konnte ich geben und auch annehmen. Ich habe alles, was er mir gespiegelt hatte, transformiert und mir ging es in unserer Ehe besser als je zuvor. Trotzdem entschieden wir uns ein paar Jahre später, dass unser Leben auf unterschiedlichen Wegen weitergehen würde. So konnten wir in aller Liebe und Freundschaft einander loslassen und mit einem guten Gefühl in einen neuen Lebensabschnitt starten und freundschaftlich verbunden bleiben.

Die Spiegelarbeit ist in allen Lebensbereichen möglich. Egal, was im Außen passiert, wenn es bei dir eine Reaktion des Unwohlseins auslöst, hast du die Chance, etwas in dir zu heilen. Manchmal kommen in kurzer Zeit viele Themen zum Vorschein und dann wieder lange Zeit gar nichts.

Als sich im Dezember 2004 im indischen Ozean ein Erdbeben ereignete und daraus ein großer Tsunami entstand, der viele Todesopfer forderte und eine große Verwüstung hinterließ, fragte ich verschiedene Menschen, was sie daran am Schlimmsten fanden. Es war sehr interessant zu sehen, wie unterschiedlich sie diese Katastrophe empfanden und welche Tatsachen sie am meisten schockten und traurig stimmten. Einige fanden es ganz schrecklich, dass die Überlebenden ihre Angehörigen nicht mehr fanden und sie vielleicht auch nie mehr wieder finden werden. Andere fanden es schlimm, dass viele ihr Hab und Gut verloren haben, obwohl sie sonst schon in ärmlichen Verhältnissen lebten. Wieder andere fanden die Vorstellung schrecklich, in einer solchen Flutwelle zu ertrinken …Katrin zum Beispiel, deren Tochter in einem anderen Leben von einem anderen Volk geraubt wurde, hatte bei dieser Katastrophe das größte Mitgefühl für alle die, die einen oder mehrere Menschen in diesen Fluten verloren und nicht wieder finden konnten.

Je nachdem, welche Programmierung wir in uns tragen, reagieren wir mit den entsprechenden Gefühlen. Und unsere innere Reaktion auf eine Situation oder einen Lebensumstand hat schlussendlich immer nur mit uns selber zu tun.

Wie sieht es mit Menschen aus, die dir gegenüber zum Beispiel rücksichtslos sind? Das bedeutet nicht unbedingt, dass du anderen gegenüber rücksichtslos bist. Es bedeutet, falls es in dir ein Gefühl des Unwohlseins auslöst, dass auch das mit dir zu tun hat.

Frage dich:
- In welcher Weise verhalte ich mich mir selber gegenüber rücksichtslos?
- Achte und respektiere ich mich selber, und nehme ich mich genauso an, wie ich bin?
- Höre ich auf meine Intuition und handle ich auch danach, oder unterdrücke ich sie permanent?

Lerne, mehr auf deine Gefühlsreaktionen zu achten, denn deine Gefühle werden dir helfen zu verstehen, um welche innere Thematik es gerade geht.

Zurzeit wütet auf der Welt der Coronavirus. Was ich nun beobachte, ist eine unglaubliche und vielfältige Angst unter den Menschen. Obwohl die Situation eigentlich für alle gleich ist, ist sie dies jedoch keineswegs. Alle könnten in sich die gleiche Angst verspüren. Doch weit gefehlt. Da gibt es diejenigen, die sich vor einem schlimmen Krankheitsverlauf oder vor dem Tod fürchten, andere fürchten sich vor den wirtschaftlichen Folgen. Wieder andere fürchten sich davor, dass ihnen ihr Recht auf Selbstbestimmung vollends genommen wird. Andere haben in sich die unbewusste Angst, dass das alles eine vom Staat gemachte Lüge ist.

In einer solchen Zeit entstehen wirklich unglaublich viel Ängste. Je nachdem, was in uns angesprochen wird, reagieren wir dementsprechend darauf. Keine dieser Ängste ist wichtiger oder richtiger. Alle Ängste sind gleich zu bewerten und bei allen sollte man in seine Angstgefühle eintauchen und sie transformieren. Es gibt so viele Diskussionen darüber, welche Angst nun realistischer ist. Viele verstehen sich deswegen untereinander nicht mehr. Familien und Freundschaften fallen auseinander. Dabei geht es doch gar nicht darum, wer Recht hat, denn jeder hat Recht, weil es in ihm eben genau die Angst zeigt, die er oder sie für sich heilen muss. So gesehen ist diese außergewöhnliche Zeit eine Chance für Heilung, wenn man sich für Heilung entschließt.

Das heißt also, dass du immer und überall, in jeder Lebenssituation, die Chance hast, immer mehr in deine Kraft zu kommen, um zu dir selbst zu erwachen. Denn die Transformationen der Gefühle, wie Angst, Wut und Trauer, ist unglaublich kraftvoll. Ich kann es gar nicht oft genug wiederholen. Es bringt dich in deine wahre Kraft und zu deinem Potenzial.

Das Spiel des Lebens und deine Spiegelbilder

Während wir unser „Lebensspiel" leben, ist uns in der Regel nicht bewusst, dass es ein Spiel ist. Dass wir selber gewählt haben, welche wichtigen Lektionen, welche Heilung und welche Erkenntnisse wir uns wünschen, in diesem Leben zu machen. Doch es ist in der Tat dein selbst gewähltes Spiel. Du kannst es als dein selbstgeschriebenes Theaterstück betrachten und gespannt auf deine Nebendarsteller sein. Diese verhalten sich ganz nach den Wünschen deines höchsten Bewusstseins, damit sie dich unterstützen (auch wenn dies nicht bewusst geschieht) und du auf deinen Lebensweg am meisten profitieren und lernen kannst.

Wird nun also in dir, durch Menschen oder Situationen, ein Unbehagen ausgelöst, ist es eine Aufforderung an dich, genau hinzuschauen. Denn in solchen Lebenssituationen kannst du etwas Tolles für dich tun. Du kannst das Gefühl und somit eine innere Blockade, die diese Situation auslöst, heilen. Dabei arbeitest du mit dem Spiegelbild, das sich dir zeigt. Anstelle des Spiegelbildes kannst du es auch deine eigene Schöpfung nennen, denn du selbst hast es auf einer höheren Bewusstseinsebene kreiert, um die Möglichkeit zu haben, ganz in deine innere Kraft zu kommen.

Also stell dir vor, dass das, was du gerade erlebst, dein eigenes Spiegelbild ist. Du siehst zum Beispiel vor dir jemand, der dich mit Worten sehr verletzt, und das löst in dir ein schreckliches Gefühl aus. Doch mach dir bewusst, dass du diese Situation kreiert hast, um etwas in dir zu heilen.

Es kann gut sein, dass du dich selber mit Worten und Gedanken herunter machst und dich damit seelisch verletzt, und dadurch nicht dein höchstes Potenzial leben kannst. So zeigt dir nun die Energie deines Spiegelbildes, also in Form der anderen Person, was in dir zu heilen ist. Du kannst es dir so vorstellen, als wäre die andere Person ein Teil von dir selbst, was sie ja auch tatsächlich ist, da wir nicht wirklich voneinander getrennte Wesen sind. Nun trägt sie für dich diese Energie, um sie dir als Geschenk zu präsentieren. Dieses Energie-Geschenk kann in dir den Bereich heilen, der dir in dieser Situation über dein Gefühl bewusst geworden ist. Die Energie und Kraft, die in deinem Spiegelbild verankert ist, kannst du, wie ich es später beschreiben werde, wieder zu dir zurückholen, um wieder ganz in deine wahre Kraft zu kommen. So entsteht tatsächlich Heilung.

Natürlich gibt es sehr viele Möglichkeiten, innere Blockaden zu lösen. Die Spiegelarbeit ist lediglich eine davon. Ich beschreibe sie hier ein bisschen ausführlicher, weil sie in meinen Augen eine sehr einfache Methode ist. Nach meinem Empfinden kann man damit in kurzer Zeit viel im Leben zum Besseren verändern.

Um also bei der Spiegelarbeit die größtmögliche Heilung zu erlangen, solltest du nun voll in das unbehagliche Gefühl eintauchen. Lass es zu. Tauche so tief in das Gefühl ein, wie du es aushalten kannst. Kein Denken, keine Logik, kein Urteilen. Nur fühlen, sonst nichts. Du brauchst keine Angst davor zu haben. Dein erweitertes Selbst mutet dir nicht mehr zu, als du ertragen kannst.

Wenn das Gefühl, also die Intensität, ihren Höhepunkt erreicht hat, spreche die Wahrheit darüber aus, wie es wirklich ist. Das heißt, dass du dir bewusst machst, wer du wirklich bist, wie **machtvoll** du wirklich bist. Du machst dir bewusst, dass du es selbst kreiert hast. Es ist deshalb nicht wirklich echt, sondern nur eine Schöpfung deines Bewusstseins, um innerlich zu wachsen und wieder ganz in deine Kraft zu kommen. Mach dir immer wieder bewusst, dass du das Drehbuch deines Lebens selber geschrieben hast, und dass du es genau so geschrieben hast, damit du dein inneres Wachstum am besten unterstützen kannst. Alles, was geschieht, hat seine Richtigkeit und dient deiner Entwicklung.

Nun bist du also ganz in das Gefühl des Unbehagens eingetaucht. Vor dir siehst du mit deinen inneren Augen die Situation, also deine Kreation, welche das Unbehagen ausgelöst hat.

Nun kannst du die Energie, die du in deiner Kreation wahrnimmst, zu dir zurückholen, sie wieder „einfordern". Auch hier ist es wichtig, dass es nicht nur leere Worte sind, sondern dass du ganz in das Gefühl eintauchst.

Wenn du siehst und oder fühlst, wie die Energie zu dir zurückfließt, ist es wichtig, dass du dir bewusst machst, wer du wirklich bist. Du bist ein grenzenloses Wesen, das all die Schöpfungen, also dein Außen erfunden hat, um daran zu wachsen und um das grenzenlose Wesen, das du bist, hier auf Erden zu leben und zu sein. Du bist in Wahrheit unendlich mächtig, reich und weise.

Frage dich, wie es sich anfühlen würde, wenn du bereits jetzt das grenzenlose Wesen, das du bist, leben würdest. Wie kraftvoll wäre es, wie viel Freude, Liebe und Frieden würdest du fühlen?

Lasse dann einfach die Energie deiner Schöpfung zu dir zurückfließen. Im Wissen, dass es deine Energie ist, die da schlussendlich zu dir zurückfließt. Sie wird dich stärken, erfüllen und heilen.

Man muss nicht immer genau wissen, welcher Aspekt von uns, zu uns zurückfließt. Deine innere Reaktion auf dein Spiegelbild sagt dir, ob es dich wütend, traurig oder ängstlich stimmt. Und dann genügt es, ganz einfach tief in das Gefühl einzutauchen und die Energie in deiner Schöpfung zurückzufordern.

Robert Scheinfeld schreibt in seinem Buch „Raus aus dem Geldspiel" ausführlich über diesen Prozess. Mir hat die Arbeit mit der Transformation meiner Schöpfungen, die mir meine Schattenseiten aufzeigen und bewusst machen, sehr geholfen. Schon vor vielen Jahren hatte ich begonnen, mit meinen Spiegelbildern zu arbeiten und durfte viel Heilung erfahren. Die Methode, die ich früher benutzte, war ein bisschen anders, aber das Prinzip ist dasselbe.

Nun, in neuerer Zeit, verwendete ich dazu folgende Worte, die sich an das Buch von Robert Scheinfeld anlehnen. Es wäre sicher empfehlenswert, sein Buch zu lesen. Die Einfachheit seiner Methode ist wirklich sehr empfehlenswert.

Nun gehe also in das schmerzvolle Gefühl, sprich und fühle folgende Worte und lasse deine dich heilende Energie von deinem Spiegelbild zu dir zurückfließen:

Ich bin die Macht und die Gegenwart des höchsten Bewusstseins, der Urquelle des Seins. Alles was ich erlebe, habe ich selbst erfunden – alles! Es ist nicht echt. (kleine Pause und Fühlen)

Ich hole jetzt meine Energie aus meiner Schöpfung zurück. Ich fordere die Energie zurück und spüre, wie sie mich durchflutet und erfüllt. (kleine Pause und Fühlen)

Ich bin unendlich reich hier und heute. Freude, Frieden, Fülle und Reichtum erfüllen mein Sein. Ich spüre, wie ich wachse und wachse und immer mehr zu der/dem werde, die/der ich wirklich bin. Ich fühle, dass ich immer mehr davon in meinem Menschenleben wiederfinde ...(kleine Pause und Fühlen)

Ich danke mir selbst für die kreative Schöpfung, die ich erschaffen habe, um innerlich zu wachsen. (kleine Pause und Fühlen)

Ich bin die Macht und die Gegenwart des höchsten Bewusstseins, der Urquelle des Seins. Ich bin unendlich reich und erfüllt, hier und jetzt.

Natürlich kannst du deine ganz eigenen, für dich stimmigen Worte wählen. Und wie du siehst, ist es wichtig, dich am Schluss für deine eigene kreative Schöpferenergie im Außen zu bedanken. Denn du hast in deinem Leben das Wunder vollbracht, dass du dein Außen, dein Drehbuch für dein ganz persönliches Theaterspiel, selber kreiert hast. Sei mitfühlend und liebevoll mit dir. Verurteile dich nicht für deine Spiegelbilder. Lerne, sie in Liebe anzunehmen.

Dazu eine kurze Geschichte aus meinem Leben.

Ich hatte in meinem Leben manchmal das Gefühl, von anderen ausgeschlossen und abgelehnt zu werden. Einmal, als ich mich wieder so fühlte, ließ ich zu, dass ich ganz tief in dieses Gefühl eintauchte. Und wie ich dann ganz in diesem Schmerzempfinden war, sah ich in meinem inneren Bild eine Szene aus meiner Kindheit. Ich hatte sie fast vergessen. Aber meine Seele nicht.

Ich sah mich in der Schule in der dritten Klasse. Der Lehrer, er verteilte gerade die korrigierten Deutschdiktate, war kurz vor seiner Pensionierung. Er gebrauchte noch alte Methoden, um Schüler zu „motivieren". Nun kam er zu mir und sagte: „Roberta, stell dich einmal auf deinen Tisch." Ich gehorchte, obwohl ich seine Bitte eigenartig fand. Als ich dann, für jeden der 42 Mitschüler, gut sichtbar, auf meinem Tisch stand, sagte der Lehrer laut, damit es ja jeder verstehen konnte: „Seht her und seht sie euch an, sie ist die allerschlechteste gewesen und hat 24 Fehler geschrieben! Seht sie euch nur an, wie kann man nur so viele Fehler machen! Du solltest dich was schämen!" Das hat gesessen und drang tief in meine Seele. Ich war wie erstarrt. Konnte kaum atmen. Am liebsten wäre ich im Erdboden versunken. So viele Mitschüler wussten nun über meine schlechte Note Bescheid. Es folgten Hänseleien und das tiefe Gefühl des Ausgestoßenseins. Es war für mich ein schreckliches, tiefgreifendes Erlebnis.

Als mir diese Szene wieder bewusst wurde, musste ich heftig weinen. Diese Kindheitserinnerung hinterließ einen großen Schmerz in meiner Seele, der geheilt werden wollte.

Nun stellte ich mir die Menschen, bei denen ich mich im erwachsenen Leben ausgestoßen und abgelehnt fühlte, im inneren Bild vor mich. Auch den damaligen Lehrer stellte ich dazu. Danach holte ich mir meine Energie aus diesem Spiegelbild zu mir zurück, um meine seelische Verletzung zu heilen.

Ich hatte all die Jahre einen Groll auf diesen Lehrer, nun konnte ich ihm vergeben. Ich spürte, dass ich das Gefühl des Ausgestoßen- und Abgelehntwerdens aus einem anderen Leben mitgenommen habe, um es jetzt zu heilen.

Es ist wirklich wichtig, zu verstehen, dass Nichts zufällig passiert, auch wenn dies nicht immer einfach zu akzeptieren ist. Alles, was im Außen geschieht, das in uns ein Unbehagen auslöst, ist ein Geschenk von uns an uns selber. Wir bekommen so die Möglichkeit, wieder ganz in unsere Kraft zu kommen und können diese Kraft in unserem Menschsein leben. Unser grenzenloses Wesen hat einen unbegrenzten Vorrat an Energie, Weisheit, Frieden und Lebensfreude. Lassen wir es wieder bewusst in unser Bewusstsein und somit in unser Leben treten.

Mit dieser Arbeit kann sich dein Leben im großen Maße verändern. Durch das Zurückholen der Energie kommt auch deine wahre Kraft immer mehr zum Vorschein. Es ist, als hätten wir durch all unsere seelischen Verletzungen enorm viel Energie „verloren". Mit dieser Transformationsarbeit kannst du diese Energie wieder mit Leichtigkeit zu dir zurückholen. Und so wirst du immer mehr der kraftvolle Mensch, der du in Wahrheit bist.

Wenn du die Transformationsarbeit gemacht hast, kannst du noch einmal in die Szene deiner Schöpfung eintauchen und schauen, ob sich deine Gefühle dazu bereits das erste Mal schon aufgelöst oder verändert haben. Falls du noch unangenehme Gefühle verspürst, verwende die Transformationsarbeit weiter. Das heißt, es gibt noch mehr Energie, die du zurückholen darfst.

Es gibt in unserem Leben auch Themen, die sehr viel Energie in sich tragen und in uns immer wieder Unbehagen auslösen. Wenn du also diese Arbeit machst und sich trotzdem immer wieder die vermeintlich gleichen Themen zeigen, solltest du wissen, dass es nie wirklich die gleiche Energie ist. Stell es dir so vor wie bei einer Zwiebel. Die ganze Zwiebel wäre ein großes Lebensthema: z. B. du ziehst immer wieder die gleichen Partner an, mit denen du nicht glücklich wirst. Du transformierst das Gefühl dazu. Das war aber vielleicht nur die erste Schicht der Zwiebel. Später merkst du, dass du dich in deiner Partnerschaft noch nicht so fühlst, wie du es gerne hättest. Dann bleibst du einfach dabei und verwendest bei jedem Gefühl des Unbehagens die Transformationsarbeit. So löst sich jede Schicht der Zwiebel nach und nach auf, bis du die Liebe in dir fühlst, die du gesucht hast. Oder aber vielleicht auch, bis du bemerkst, dass diese Partnerschaft nicht gut für dich ist und du mit diesem Menschen nicht weiter wachsen kannst. Wenn sich nach intensiven Transformationsarbeiten eine Beziehung auflöst, dann hat es seine Richtigkeit und es geschieht in der Regel in Liebe und Freundschaft. Meistens jedoch verbessern sich die Partnerschaften enorm und die Liebe wird stärker.

In Punkto Partnerschaft möchte ich noch etwas loswerden. Es ist keine gute Idee, wenn du einem Menschen sagst: „Ich schenke dir mein Herz." Das könnte nämlich, wenn das Gefühl sehr intensiv ist, tatsächlich bedeuten, dass du energetisch dein Herz weggibst. Ich hatte einmal eine Kundin in meiner Praxis, die hatte so ihre Themen mit ihrem Partner. Vor allem fühlte sie sich irgendwie unfrei. Auch wenn sie es gewollt hätte, sie hätte ihn nicht verlassen können, konnte aber gleichzeitig nicht sagen, warum das so ist. Bei einer energetischen Behandlung sah ich, dass sie in einem anderen Leben mit Worten ihr Herz an diesen Partner verschenkt hatte. Und es war tatsächlich so, dass er ihr energetisches Herz bei sich trug, wie ein Geschenk. Dies gab ihr unbewusst das Gefühl, in dieser Partnerschaft gefangen zu sein. Ich hatte die Möglichkeit, ihr Herz von ihm zurückzufordern, um es meiner Kundin zurückzugeben. Dies ließ sie selbst und ihre Partnerschaft ein gutes Stück besser werden, da sie sich danach freier und heiler fühlte.

Es gibt bei den meisten Menschen verschiedene Lebensthemen, die sehr viel Geduld, Mut und Ausdauer benötigen, um sie ganz zu transformieren, und darin alle Energie zurückzuholen. Aber vor allem braucht es viel Offenheit für die Möglichkeit der Transformation. Es kann dein Leben auf großartige Weise verändern. Sei mutig und gehe den Weg deiner inneren Heilung.

Wenn du dich wirklich auf diese Arbeit einlässt, verschwindet nach und nach alles, was dich geschmerzt, gequält oder geängstigt hat, aus diesem Leben. Dinge wie Angst, Trauer, Wut, Verzweiflung, Schwäche und Minderwertigkeitskomplexe lösen sich in Luft auf. Danach hast du immer mehr das Gefühl von Leichtigkeit, Friede und Lebensfreude. Und du wirst wieder deinen wahren Zustand der unbegrenzten Energie, Weisheit und Fülle erleben.

Das Leben, ja das ganze Universum meint es gut mit dir

Auf deinem Lebensweg können immer wieder Hindernisse auftauchen, die einen harmonischen Lebensfluss verhindern. Obwohl es eigentlich keine Hindernisse sind. Denn wenn es sich so anfühlt, als wäre der Lebensfluss verhindert, kann es sein, dass du dazu aufgefordert bist, das vermeintliche Hindernis zu transformieren. Aber natürlich nur, wenn es disharmonische Gefühle auslöst.

Wie ich bereits erwähnt habe, können das deine eigenen Spiegelbilder sein, die dir genau das aufzeigen, was du auf einer höheren Ebene gewählt hast, zu lernen und zu erkennen. Damit du innerlich wachsen und immer mehr zu dir selbst erwachen kannst.

Das Leben und somit das ganze Universum meinen es wirklich gut mit dir. Sie helfen dir, egal wo du bist, damit du die Möglichkeit hast, in deine Kraft zu kommen.

Du bist überall begleitet und unterstützt. Dein wahres Sein führt dich und versucht, dich zu lenken, egal was gerade in deinem Leben ansteht.

Nach meiner Erfahrung geschieht wirklich alles in Liebe. Natürlich weiß ich, dass das mitunter sehr schwer zu verstehen ist. Vor allem, wenn du viele schlimme Schicksalsschläge, Krankheiten und anderes Schlimmes erlebt hast oder du vielleicht gerade in einer schweren Lebensphase steckst.

Um die ganze Verantwortung für dein Leben zu übernehmen, ist es wichtig, zu verstehen, dass im Himmel kein Gott sitzt, der mit einem Würfel spielt und ganz zufällig Schicksale verteilt. Du bist dem Leben nicht machtlos ausgeliefert. Du selbst hast die Möglichkeit, es zu steuern. Es bist immer du selber, der bei einer Weggabelung des Lebens den einen oder den anderen Weg wählt. Gewisse Erfahrungen musst du im Leben machen, das sind die, die dein höchstes Selbst für dich und dein Wachstum geplant hat. Jedoch ist es, wie schon gesagt, nicht immer so einfach, diese Tatsache anzunehmen. Aber gleichzeitig ist dein Leben auch nicht in Stein gemeißelt. Du hast jederzeit die Möglichkeit etwas zu verändern und einen anderen Weg einzuschlagen.

Vieles entsteht durch deine eigenen, bewusst gewählten Entscheidungen, die du mit deinem freien Willen im Leben andauernd triffst.

Du kannst aber die Führung auch ganz einfach deinem erweiterten Selbst übergeben. Es würde dich durch dein Leben führen, falls du bereit bist, darauf zu hören. Gleichzeitig lässt es dir uneingeschränkt deinen freien Willen. Es reagiert ständig auf deine Gedanken und Gefühle und steuert deinen Körper in allen seinen Funktionen. Es trifft als solches im Verlauf deines Erdendaseins keine Entscheidungen. Es reagiert auf deine Gedanken, und Gedanken erzeugen wiederum Gefühle. Gleichzeitig spricht das erweiterte Selbst mit dir, mit der Stimme des Gefühls, der Eingebung, der Intuition und du hast die Wahl, auf sie zu hören und deine bewussten Entscheidungen nach ihnen zu richten.

Wenn du eine Entscheidung zu fällen hast, sagen wir, du suchst einen neuen Job, dann hilft dir deine Intuition dabei, den bestmöglichen zu finden.

Vielleicht hast du mehrere Jobangebote und du überlegst dir lang und breit, welcher für dich der beste sein könnte. In der Tat hast du bis zu diesem Zeitpunkt die Antwort schon längst erhalten. Wenn du nicht geübt bist, auf deine Intuition zu hören, hast du sie vermutlich gar nicht wahrgenommen. Denn die Intuition spricht meist ganz leise. Es ist immer der erste Impuls, wenn eine Entscheidung ansteht, auf den du hören solltest. Aber dieser erste Impuls geht schnell vorbei. Kaum war er da, beginnen deine Gedanken zu sprudeln. Du fängst an zu überlegen, welcher Job in deinen Augen welchen Vorteil hat. Du rechnest dir die Vorteile aus, vergleichst und analysierst. Doch dein Verstand hat nie diesen Gesamtüberblick, der dein erweitertes Selbst hat. Denn das erweiterte Selbst kennt die Zukunft für jeden möglichen Weg. Es kann sein, dass du denkst, dass du bei einem Job mehr verdienst als bei einem anderen. Doch dein erweitertes Selbst weiß, dass du in einem Job zurzeit vielleicht weniger verdienst, jedoch

schon bald die Möglichkeit bekommst, die Karriereleiter hinauf-
zusteigen. Oder es weiß, dass du an einem Arbeitsort deine große
Liebe treffen würdest, oder dich bei der Arbeit und den Mitarbeitern viel wohler fühlen wirst als an den anderen Arbeitsstel-
len. Dein erweitertes Selbst möchte dich an den für dich besten
Ort führen. Das bedeutet natürlich nicht, dass du dann dort keine Lebenslektionen lernen darfst. Es ist aber so, dass du später in
der Rückschau erkennst, dass die Entscheidung, die du aufgrund
deiner Intuition gewählt hast, die Beste war.

Ich habe gelernt, auf den ersten Impuls zu hören und habe es nie
bereut. Nicht, dass ich auf diesem gewählten Weg keine Hindernisse gehabt hätte, es gab immer wieder große und kleine Lektionen. Zum Teil hatte ich sogar sehr große Lektionen zu bewältigen, bei denen ich manchmal das Gefühl hatte, dass sie meine
Kraft übersteigen. Wenn ich allen Mut zusammengenommen
habe und den Weg meiner Intuition gegangen bin, habe ich später immer erkannt, dass es der beste Weg gewesen ist. Vor allem
floss die Lebensenergie auf diesem Weg immer mit Leichtigkeit.
Denn plötzlich standen die Ampeln auf Grün. Dazu gibt es ein
gutes Beispiel, das ich mit dir teilen möchte.
　Zur Zeit meiner Scheidung suchte ich für meinen Hund Jacki,
den Kater Chayenne und mich ein neues Zuhause. Unsere Kinder waren bereits erwachsen und gingen ihre eigenen Wege. Ich
suchte ein kleines, hübsches renovierungsbedürftiges Häuschen.
Und günstig musste es sein. Ich hatte ziemlich genaue Wünsche
und Vorstellungen. Es sollte an einem Dorfrand mit ein wenig
Aussicht sein, in der Nähe eines Waldes und am liebsten freiste-
hend. Ich wünschte mir, dass sich Schlaf- und Wohnbereiche auf
derselben Etage befinden sollten. Und mein Geld musste für die
Renovation ausreichen.
　Eines Tages bin ich auf ein Häuschen gestoßen, dass meine
Kriterien recht gut erfüllte. Nach der Besichtigung zeigte ich gro-
ßes Interesse und vereinbarte, das Ganze mit der Bank zu besprechen. Die Gespräche mit den ersten Banken zeigten mir eine rote
Ampel. Das heißt, sie waren nicht damit einverstanden, mir eine

Haushypothek zu geben. Ich dachte mir, dann suche ich einfach eine andere Bank. Weit gefehlt, da ging nichts. Frustriert verbrachte ich das Wochenende. Am Montag schaute ich im Internet nach „meinem Häuschen". Was ich da las, machte mich stutzig. Das Häuschen war offenbar bereits reserviert. Das verunsicherte mich, und ich setzte mich mit der Maklerin in Verbindung. Sie erzählte mir, dass ihr Chef am Wochenende mit einem Kunden das Haus angeschaut hatte, und der Kunde hat gleich den Reservierungsbetrag auf den Tisch gelegt. Der Chef wusste nicht, dass ich es bereits mündlich reserviert hatte.

Der Umstand, dass ich mit dem Hauskauf zeitlich ein wenig unter Druck stand, da wir bereits unser Haus verkauft hatten, und ich in ein paar Monaten ein neues Zuhause brauchte, beunruhigte mich. Ehrlich gesagt, zog es mir nach dem Telefonat komplett den Boden unter den Füssen weg. Ich fühlte mich wirklich sehr schlecht. Aber nur während 5 Minuten. Danach sagte ich mir, dass das Universum sicher noch ein besseres Häuschen für mich bereithält. Ich vertraute voll darauf, denn es ist eine tiefe Überzeugung in mir, dass etwas Besseres auf mich wartet, wenn es auf dem einen Weg nicht frei fließt. Und so war es auch. Einige Zeit später fand ich ein für mich viel besseres Zuhause. Und alle Ampeln standen plötzlich auf Grün. Die neue Bank, die ich für die Hypothek anfragte, fand sofort eine Lösung für mich und war damit einverstanden. Der Kauf und die Übergabe gingen schnell und reibungslos über die Bühne. Selbst die Renovierungen waren bis zum Tag des Einzugs vollständig erledigt. So durfte ich mit meinen Tieren in ein hübsches kleines Haus einziehen, genau nach meinen Wünschen.

Die Erfahrung mit den grünen oder roten Ampeln habe ich oft im Leben gemacht. Das kennt sicher jeder. Du willst irgendetwas unbedingt, aber die Ampeln stehen auf Rot. Irgendwann gibst du auf und lässt los, und plötzlich entfalten sich neue Möglichkeit, auf die du selber gar nicht gekommen wärst.

Manchmal musst du die Zügel aus den Händen geben und dem Leben und dem Universum vertrauen, denn sie meinen es gut mit dir. Das Universum wartet nur darauf, dass es etwas für dich tun kann.

Lerne also zu vertrauen, und gehe den Weg deiner inneren Führung.

Es ist deine eigene Entscheidung, ob du auf deine Intuition hörst, und so schneller an dein Ziel kommst, oder ob du lieber im Verstandes- und Ego-Denken bleibst und so Vieles nicht erkennen kannst oder erkennen möchtest. Niemand drängt dich. Du darfst in deinem eigenen Tempo deinen Lebensweg und dein inneres Wachstum lenken. Bei den allermeisten Menschen geschieht das leider völlig unbewusst und deshalb fühlen sich viele in der Rolle des Opfers wieder.

Es liegt schlussendlich in unserer eigenen Klarheit unserer Entscheidungen, ob bewusst oder unbewusst getroffen, wie oft wir auf der Erde inkarnieren und wie wir unser Leben leben. Wir kehren so oft zurück, wie wir, respektive unsere Seele, es wünschen. Bis wir im Menschsein die höchste Energie, die wir sind, bewusst leben.

Lass los und werde frei

Vielleicht hast du das Gefühl, dein Leben und alles, was darin geschieht, unter Kontrolle zu haben. Vielleicht gibt dir das ein Gefühl der Sicherheit.

Ich denke, dass es sehr viele Menschen gibt, die sich gut dabei fühlen, wenn sie denken und glauben, dass sie alles im Griff haben. Da war ich keine Ausnahme.

Doch welche Kontrolle haben wir wirklich im Leben? Die Kontrolle, die wir denken zu haben, die haben wir nicht. Das spüren wir, wenn uns vermeintlich alles aus den Händen gleitet und nichts so läuft, wie wir das geplant haben. Manchmal haben die Menschen auch das Gefühl, dass ihr ganzes mit viel Aufwand gebautes Lebenskartenhaus über ihrem Kopf zusammenbricht.

Das kann geschehen, wenn du dein Leben ausschließlich mit deinem Verstand und deinem Ego planst. Oft hat die Seele aber einen anderen Plan, den sie verfolgt. Wenn nun unser mit dem Ego geplantes Leben zu sehr mit unserem Seelenplan kollidiert, wird das Leben versuchen einen Weg zu finden, es wieder in die „richtigen Bahnen" zu lenken.

Ich habe die Erfahrung gemacht, dass ich nur gewinnen kann, wenn ich loslasse und den Weg meiner inneren Führung gehe. Das heißt, wenn ich darauf vertraue, dass meine innere Führung überaus mehr weiß als mein Ego, ja sogar alles weiß.

Es gab schon viele Situationen in meinem Leben, in denen ich lernen musste, zu vertrauen. Lernen musste, meinen Verstand und mein Ego zu beschwichtigen, sie ruhig werden zu lassen. Das Ego hat viele Ängste, die an die Oberfläche kommen, wenn es das Gefühl hat, nicht alles unter Kontrolle zu haben. Diese zum Teil sehr großen Ängste verhindern oft, dass wir mutig den Weg unseres Herzens gehen.

Schon oft im Leben musste ich lernen, was es heißt, meinem Herzen wirklich zu vertrauen. Ich fühlte mich manchmal, als würde ich vor einem großen weiten Abgrund stehen und ich wusste, dass mein Weg geradewegs über genau diesen tiefen gefühlten Abgrund geht. Nur war leider keine Brücke in Sicht. Das Leben forderte von mir, das Vertrauen aufzubringen, dass es da eine unsichtbare Brücke gibt. Diese würde aber erst sichtbar werden, wenn ich den ersten Schritt wage. Ich weiß nicht, ob du dir vorstellen kannst, wie viel Vertrauen es braucht, um einen Schritt ins Nichts, ins Unbekannte zu tun und darauf vertrauen zu müssen, dass die Brücke sodann erscheinen wird, sobald du den ersten Schritt machst. Und welche Erleichterung und tiefe Dankbarkeit in dir entsteht, wenn dein Mut belohnt wird, und sich die Brücke unter deinem Fuß zeigt und dein Gewicht auffängt. Und du dann erkennst, dass das Leben alles ausgezeichnet geplant hat und du in absoluter Sicherheit und gut geführt deinen Lebensweg entlang schreiten kannst.

Viele scheuen diesen Schritt, weil sie kein Vertrauen in sich und ihre innere Führung haben. Sie vertrauen ihrem Ego mehr als ihrer Herzensweisheit. Doch dein Ego und dein Verstand begleiten dich nur so lange, bis du dein Erdenkleid verlässt. Nur deine innere, wahre Kraft existiert weiter, mit all den Lebenserinnerungen, die sie mitnehmen darf.

Unser Körper kann sterben, aber unser Persönlichkeits-Selbst, das in der körperlichen Hülle lebt, kann niemals zerstört werden.

Höre auf deine Intuition

Es sind mutige Menschen, die gelernt haben, auf ihre innere Stimme zu hören, und danach zu handeln. Dadurch, dass sie so mutig waren, wurden sie frei. Auch frei von den Ängsten, die ihnen unter anderem auch das Ego ins Bewusstsein trug.

Wenn du gelernt hast, das Geschnatter in deinem Kopf leiser zu drehen oder ganz abzustellen, nimmst du immer mehr deine innere Führung wahr, die dir den für dich besten Weg weist.

Ich hatte oft sehr große Angst, meiner inneren Führung zu folgen, da ich nicht wusste, wohin es führt. Doch es war immer gut, und es war auf jeden Fall immer besser als das, was mein Ego von mir forderte. Und wenn sich die Angst unüberwindbar anfühlte, machte ich die Heilarbeit von Seite 65, um danach mutig weiter des Weges zu gehen.

Beginne, mit deiner inneren Führung zu kommunizieren. Halte Zwiegespräche mit ihr. Hör zu, was sie dir zu sagen hat.

Ich habe begonnen, jeden Morgen so lange ich noch im Bett liege, mit meiner inneren wahren Kraft zu sprechen. Ich begrüße sie und danke ihr, dass sie mich so gut führt und immer nur das Beste für mich will. Danach frage ich sie, wie der heutige Tag aussieht. Was für Entscheidungen oder welche Aufgaben sie heute für mich geplant hat. Dann gehe ich mutig in den Tag und probiere, es umzusetzen. Ich behaupte nicht, dass es leicht ist, nein, es erfordert Mut. Manchmal sogar sehr viel Mut.

Eines Tages, als ich am Morgen aufwachte, sagte mir meine innere Stimme, es ist Zeit zu gehen. Ich wusste, was sie damit meinte. Obwohl mein damaliger Mann und ich uns sehr gut verstanden, wussten wir beide, dass unsere Wege irgendwann, spätestens wenn die Kinder aus dem Haus sind, in verschiedene Richtungen verlaufen werden.

Und nun war da diese innere Stimme, die mir sagte, dass jetzt die Zeit gekommen ist, um zu gehen. Unsere Kinder waren gerade so knapp volljährig.

Diese Entscheidung hieß für mich, die Gegend zu verlassen und an einem anderen Ort die Zelte aufzuschlagen. Irgendwo, wo mein Geld zum Leben ausreichte. Im Weiteren musste ich nach vielen Jahren wieder in meinen alten Beruf einsteigen. Kurz gesagt, ich musste komplett neu beginnen. Das war für mich so ein Moment, in dem ich einfach vertrauen musste, dass alles gut kommt. Ich musste erste Schritte unternehmen, obwohl ich noch absolut keinen Weg sah. Ich musste die Angst des Egos beschwichtigen und meiner inneren Führung vertrauen, dass sie mich gut führt.

Für meinen damaligen Mann hieß es lediglich, ein anderes Wohndomizil zu finden. Arbeit, Sportaktivitäten und Freundeskreis blieben für ihn dieselben. Unseren Kindern haben wir jeweils eine schöne Wohnung in der nahen Umgebung eingerichtet, so dass sie alles hatten, damit sie in ihr selbständiges, erwachsenes Leben eintreten konnten.

Diese bevorstehende Veränderung in meinem Leben in Angriff zu nehmen, forderte von mir unendlich viel Mut. Aber gleichzeitig, nicht zuletzt, weil ich schon in früheren Zeiten die Erfahrung machen durfte, dass irgendwie alles gut wird, konnte ich bald darauf vertrauen, dass die kommende Veränderung mir Gutes bringen wird.

Nach dieser Aufforderung meiner inneren Führung nahm ich allen Mut zusammen und suchte das Gespräch mit meinem Partner. Innerhalb zwei, drei Stunden hatten wir für unsere baldige Trennung das Wichtigste geklärt.

Tatsächlich lief alles wie am Schnürchen. Wir konnten unser Haus in kürzester Zeit zu einem guten Preis verkaufen. Auch wenn die Maklerin der Meinung war, dass diese Art von Haus im Moment gar nicht gefragt ist. Für alle fanden wir ein stimmiges und schönes Zuhause und ich zog in eine andere Gegend in das Haus meiner Träume :-) Selbst einen Job fand ich in kürzester Zeit. Ich fühlte mich sehr wohl, sicher und geborgen in meinem neuen Heim und in meinem neuen Leben.

Was wäre nun aber passiert, wenn ich nicht den Mut gefunden hätte, auf meine innere Führung zu hören? Das weiß ich in der Tat nicht. Wir wissen nie mit Sicherheit, wohin ein anderer Weg oder andere Entscheidungen geführt hätten. Wir müssen einfach wieder lernen, auf unsere Intuition zu vertrauen und auch danach zu handeln. So fügte sich für mich und meine Familie alles zum Guten.

Es löst in mir immer wieder ein großes Glücksgefühl und eine große Dankbarkeit aus, wenn ich trotz großer Angst den Mut finde, auf die innere Stimme zu hören. Denn wirklich jedes Mal fühlt es sich einfach großartig an. Alles fließt und ich fühle mich getragen. Es ist wunderschön, wie sich dann alles im Leben fügt.

Die Führung seines Lebens abzugeben und auf seine Intuition zu hören, bringt immer Vorteile, da bin ich mir ganz sicher. Auch wenn es oft nicht gleich ersichtlich ist. Viel Mut und Vertrauen braucht es dazu, manchmal eine ganz große Ladung davon. Aber es lohnt sich. Ich empfinde auch viel mehr Ruhe und Gelassenheit, seit ich auf meine Intuition höre und darauf vertraue.

Es gibt ganz verschiedene Lebensthemen, die ein Loslassen fordern und dich mehr zu dir selbst führen können. Wenn du ganz in deine Kraft kommen möchtest, um dein höchstes Licht zu leben, ist es wichtig, Gewohnheiten, die dich daran hindern, loszulassen.

Gewohnheiten loszulassen, die uns mehr schaden als nützen, ist für viele ein heißes Thema, bedeutet es doch oft, auf etwas Liebgewonnenes zu verzichten. Das können zum Beispiel die Gewohnheiten des Essens sein, da reagieren viele Menschen schnell unfreundlich, als würde man ihnen etwas ganz Wichtiges wegnehmen wollen. Es ist aber wichtig, dich zu fragen, ob deine Essgewohnheiten deiner Gesundheit und deiner Vitalität noch dienlich sind. Die Menschen fallen beim Essen relativ schnell in ein Suchtverhalten und erkennen dies nicht.

Wenn du deine ungesunden Essgewohnheiten erkennen und verändern kannst, hast du einen weiteren Schritt in Richtung innerer Frieden und Freisein gemacht. Deshalb beobachte dich gut und frage dich, warum du gewisse Nahrungsmittel nicht loslassen kannst.

Später mehr über Ernährung, Gewohnheiten bis hin zu Suchtverhalten.

Erwartungen zu haben, ist ein weiteres Thema, das du lernen solltest, loszulassen. Es liegt in der Natur der Menschen, dass wir Erwartungen haben. Oft hegen wir Erwartungen in Bezug auf das Verhalten der Menschen in unserem Umfeld. Oder wir fahren voller Erwartungen im Gepäck in die Ferien.

Doch sehr oft werden wir enttäuscht.

Wenn wir Erwartungen loslassen könnten, gäbe das sehr viel mehr Ruhe, Frieden und Gelassenheit in uns. Erwartungen können einen Druck in uns auslösen, weil wir unbedingt möchten, dass etwas genau so kommt, wie wir es uns wünschen. Tief in uns wissen wir aber vielleicht bereits, dass es anders kommen wird.

Die Erwartungen, die du gegenüber dem Verhalten anderer Menschen hegst, werden sehr oft nicht erfüllt. Traurigkeit und Frust sind die Folgen davon. So ziemlich jeder Mensch hegt große Erwartungen, wenn er/sie eine neue Beziehung eingeht. Diese kann beruflich oder auch privat sein. Es ist selbstverständlich und normal, dass du dir Gedanken darüber machst, wie eine Beziehung verlaufen sollte. Oder was du von einer Beziehung erwarten könntest.

Wie wäre es nun aber, wenn du aufhören würdest, Erwartungen zu haben? Wenn du einfach lernst, im Moment zu leben und schaust, was dir das Leben in Bezug zu deinen beruflichen und privaten Beziehungen gibt? Nicht mehr in dir die Hoffnung zu haben, dass etwas genau so kommen muss, wie du es am liebsten hättest? Wie viel gelassener, innerlich freier und ruhiger könntest du durchs Leben gehen?

Ich selber hatte auch oft viele Erwartungen in partnerschaftlichen oder beruflichen Beziehungen. Natürlich wurde auch ich oft enttäuscht. Doch lehrt mich das Leben immer mehr, es so zu nehmen, wie es ist, und alles, was kommt und sein darf, als Geschenk anzunehmen. Zumindest gelingt es mir immer öfter. Manchmal ist das Leben zu hektisch und ich vergesse, im Hier und Jetzt zu sein, vergesse, dem Leben zu vertrauen und hege wieder Erwartungen. Spätestens wenn diese nicht erfüllt werden und ich traurig oder unzufrieden bin, merke ich, dass ich in ein altes Denk- und Verhaltensmuster gefallen bin.

Nobody is perfect. Wir sind alle am Lernen und Wachsen.

Emotionaler Schmerz, der dadurch entsteht, dass der Partner unsere Erwartungen für unsere Liebesbeweise nicht erfüllt, kann sehr groß sein. Dieser führt sehr oft auch dazu, dass eine Partnerschaft auseinandergeht. Deshalb mache dir bewusst, dass es sich viel besser anfühlt, keine Erwartungen zu haben, sondern zu schauen, was kommt, und es als Geschenk anzunehmen.

Erwartungen loszulassen ist unglaublich befreiend. Wenn du in einer Partnerschaft lebst, brauchst du oft ein gewisses Verhalten seitens deines Partners, damit du dich geliebt fühlst. Wenn er/sie sich dann nicht so verhält, denkst du, dass dich dein Partner nicht wirklich liebt. Deine Erwartungen wurden nicht erfüllt. Wenn du nun aber kaum Erwartungen hast, ist alles, was von Seiten des Partners kommt, ein Geschenk, worüber du dich freuen kannst.

Es ist mir natürlich total bewusst, dass die Umsetzung nicht so einfach ist. Doch es lohnt sich, dich selber damit auseinanderzusetzten und dich zu fragen, in welchen Bereichen deines Lebens du Erwartungen hegst, die du lieber loslassen solltest und stattdessen offen wirst für die Geschenke, die dir das Leben gibt.

In Bezug auf das Thema Partnerschaft möchte ich noch etwas mit dir teilen. Ich habe vor einiger Zeit ein Buch von Gary Chapmann gelesen. Es heißt: „Die fünf Sprachen der Liebe." Er schreibt in seinem Buch, dass wir Menschen verschiedene Sprachen der Liebe sprechen und nur, wenn unser Partner unsere Liebessprache spricht und lebt, wir uns wirklich geliebt fühlen. Es sind das Lob und Anerkennung; Zweisamkeit, die Zeit nur für dich; Geschenke, die von Herzen kommen; Hilfsbereitschaft; und Zärtlichkeit. Jeder Mensch hat eine Hauptliebessprache, wenn dies in einer Partnerschaft gelebt und somit erfüllt wird, fühlen sich die Menschen geliebt. Es ist ein Bedürfnis aller Menschen, sich geliebt zu fühlen. Es lohnt sich, sich dieses Buch zu besorgen und seine eigene und die Liebessprache des Partners kennenzulernen und sie zu leben.

Lerne auch Materielles nicht zu sehr als dein Eigentum zu betrachten. Denn eines ist sicher, „Das letzte Hemd hat keine Taschen."

Das bedeutet natürlich nicht, dass du in absoluter Einfachheit oder gar Armut leben sollst. Nein, ganz im Gegenteil. Du darfst alles im Überfluss genießen, und du darfst dir deine Wünsche erfüllen, so gut es dir möglich ist. Das Universum bietet dir großen Reichtum und große Fülle an. Wie viel du davon in Besitz nehmen kannst, entscheidest du bewusst oder unbewusst.

Es ist also wichtig, dass du dein Leben in vollen Zügen genießt!

Mache dir aber bewusst, dass das alles nur eine Leihgabe ist, für die Zeit, die du hier auf Erden verbringst. Maße ihm nicht zu viel Gewicht zu. Übe den Beruf aus, der dir Spaß macht. Gestalte dein Leben so, dass du dich glücklich fühlst.

Ich weiß, dass es Menschen gibt, die das Gefühl haben, nur glücklich sein zu können, wenn sie viel Geld und materiellen Reichtum haben. Doch hat wahres Glück nichts damit zu tun. Wahres Glück und innere Freiheit kommen von innen. Das bedeutet natürlich nicht, dass reiche Menschen nicht glücklich sein können. Jedoch hat Glück nicht wirklich etwas mit Geld zu tun.

Ein Reporter fragte einmal den Dalai Lama:
„Was hat sie am meisten von den Menschen überrascht?"

Darauf antwortete der Dalai Lama:

„Der Mensch. Er opfert seine Gesundheit,
um Geld zu verdienen. Wenn er es hat,
opfert er sein Geld, um seine Gesundheit
zurückzuerlangen. Und er ist so auf die Zukunft fixiert,
dass er die Gegenwart nicht genießt. Das
Ergebnis ist, dass er weder die Gegenwart,
noch die Zukunft lebt. Er lebt so, als ob er nie
sterben würde und schließlich stirbt er,
ohne jemals richtig gelebt zu haben."

Lerne deshalb auch hier, innerlich loszulassen, und dich nicht nur auf das Materielle zu fokussieren. Habe Vertrauen darauf, dass du alles, was du brauchst, zur richtigen Zeit haben wirst, und es wird in dein Leben treten.

Wenn du davor Angst hast, zu wenig zu haben, dann wende zum Beispiel die Transformationsarbeit von Seite 65 an.

Ich kenne viele Menschen, die Existenzängste haben. Diese Ängste sind auch wirklich sehr real. Ich habe großes Verständnis dafür. Wenn du aber das, was deine Existenzängste verursacht, transformierst, werden sie verschwinden.

Allerdings ist das bei vielen Menschen eines der großen Themen, das wie eine Zwiebel, Schicht für Schicht, verarbeitet werden muss.

Habe Vertrauen. Die inneren Ängste und der innere Druck, welche von den Existenzängsten ausgelöst werden, verschwinden nach und nach.

Innere Gelassenheit und Ruhe machen sich breit, sowie mehr Klarheit, wie du dein Leben erfüllter gestalten kannst.

Gedanken und Gefühle

Es ist der Geist, der gut oder böse macht,
der traurig oder glücklich, reich oder arm macht.
Edmund Spenser

Und so ist es. Es sind tatsächlich oft unsere Gedanken, die dies bewirken, so wie es Edmund Spenser sagt. Du kannst dich selber traurig, arm, krank und schwach denken. Oder reich, glücklich, stark und gesund.

Vermutlich hörst du auch immer, dass du positiv Denken sollst. Positive Affirmationen sollen alles Mögliche in unser Leben ziehen und es positiv verändern. Das ist in der Tat eine gute Sache, denn unsere Gedanken sind, wie wir wissen, eine unglaublich große Kraft. Auch ich konnte selber mit meinen Gedanken viel Gutes in mein Leben ziehen, mit Hilfe des Buches von Dr. Joseph Murphy.

Doch positive Gedanken und Affirmationen wirken nicht immer. Warum ist das so? Es hat mit unserem Unbewussten zu tun.

Hast du dich auch schon einmal darüber gewundert, dass du dich in einem Moment zufrieden und glücklich fühlen kannst, und im anderen Moment taucht plötzlich ein anderes, negatives Gefühl der Unzufriedenheit in dir auf? Oft, ohne dass du dir bewusst bist, hast du vielleicht etwas Negatives oder Verurteilendes gedacht. Oder irgendetwas ist von außen in dein Bewusstsein getreten, ohne dass du dir dessen selber bewusst warst, und hat etwas in deinem Unbewussten aktiviert. Dieser Vorgang entzieht sich in der Regel deiner Kontrolle und geschieht andauernd.

Normalerweise hast du deine Gedanken und deine Gefühle nicht unter Kontrolle. Ich weiß nicht, ob das überhaupt möglich ist.

Es denkt und fühlt einfach in uns, dies andauernd, und Vieles kommt unbemerkt, aus der unbewussten Ebene.

Es gibt viele Menschen, die sagen: „Denke positiv!" So einfach ist es aber nicht. Wenn du dir einen positiven Satz sagst, ihn aber nicht glauben und vor allem **fühlen** kannst, so wirkt sich dieser positive Satz sogar negativ auf dich aus. Sagst du dir zum Beispiel vor dem Spiegel den Satz: „Ich bin schön", so kann dein Unterbewusstsein sagen: „Du weißt aber schon, dass du hässlich bist, schau dich doch nur einmal an. Deine Nase ist zu groß, deine Lippen zu schmal blablabla …" Oder du sagst: „Ich bin erfolgreich." Und dein Unterbewusstsein meint dazu: „Du bist nicht erfolgreich und wirst es auch nie sein, du bist nicht gut genug, was kannst du denn schon, du bist ein Nichts."

Dein Unterbewusstsein reagiert durch all die Informationen, die auf der Zellebene während anderen Inkarnationen oder während deines jetzigen Lebens gespeichert wurden.

Deshalb können solche positiven Sätze und Affirmationen mehr Schaden anrichten, als dass sie etwas Gutes bewirken. Schau, wenn du dich tatsächlich mit positiven Gedanken und Affirmationen unterstützen möchtest, und das funktioniert tatsächlich, dann musst du lernen, Sätze zu formulieren, die du **wirklich** glauben und **fühlen** kannst. Es müssen Sätze sein, die in dir Gefühle wie, „ja, genauso ist es", oder „ja, das glaube ich" auslösen.

Also, wenn du vor einem Spiegel stehst, kannst du zum Beispiel sagen, was du an dir schön findest. Denn irgendetwas hat jeder, das er/sie an sich schön findet. Egal ob es deine Augen, Zähne, Fingernägel, Füße oder die Haare sind. So kannst du beginnen, dich schön zu finden.

Lerne, dich echt zu freuen über das, was dich an dir erfreut. Feiere es, sei glücklich und dankbar darüber. Du musst dich nicht als ganze Person schön finden, wenn das nicht geht.

Ich habe aber die Erfahrung gemacht, dass die Menschen immer mehr Aspekte an sich schön fanden, wenn sie sich damit auseinandersetzten, und konnten dies feiern und sich wahrhaftig darüber freuen. Und irgendwann liebten sie sich immer mehr und mehr und fühlten immer mehr und mehr Dankbarkeit und Liebe sich selbst gegenüber. Probiere es aus!

Dasselbe gilt auch, beim Thema „erfolgreich sein". Wenn du anerkennen kannst, was du in deinem Leben schon alles geschafft und erreicht hast, kannst du das würdigen und feiern. Auch hier können es kleine Dinge sein, die du im Leben erfolgreich gemeistert hast. Ich bin sicher, dass dir Vieles in den Sinn kommt, wenn du eine Lebensrückschau machst.

Achte also beim positiven Denken und bei positiven Affirmationen darauf, dass du es glauben und fühlen kannst. Wenn du zum Beispiel krank bist und du dir immer wieder sagst: „Ich bin gesund, ich bin gesund, ich bin gesund ...", du das aber tief in dir nicht glauben kannst, dann kann das auch nicht geschehen. Frage dich vielmehr, welche Bereiche an dir gesund sind und feiere das. Vielleicht kannst du sprechen, hören, sehen, selbständig essen, laufen und vieles mehr. Sei dankbar, anerkenne es und freue dich darüber, denn all das ist nicht selbstverständlich.

Im Weiteren hast du die Möglichkeit, dir zu sagen, aber nur wenn du es glauben und fühlen kannst: „Ich lasse zu, dass ich jeden Tag gesünder und gesünder werde. Ich danke meinem Körper, dass er alle Selbstheilungskräfte aktiviert, so dass ich mich von Tag zu Tag besser fühle." „Ich bin von Monat zu Monat (oder von Jahr zu Jahr) immer erfolgreicher und erfolgreicher. Ich mache aus mir heraus die richtigen Schritte in meinem Leben. Über jeden erfolgreichen Schritt freue ich mich und feiere ihn. Ich bin stolz auf mich, dass ich den Mut habe, meinen Weg zu gehen, und ich mein Leben immer erfolgreicher bewältigen kann." Du musst eine Affirmation als **Wahrheit** empfinden, sie soll dich stärken und nicht schwächen. Das ist wirklich ganz wichtig. Mache lieber kleine Schritte, die aber von Erfolg gekrönt sein werden. Achte darauf, dass du keine verneinenden Sätze sagst. Also nicht, „ich bin nicht krank", „ich bin nicht schwach", oder „ich bin nun nicht mehr erfolglos". Bilde Sätze wie, „ich bin gesund", „ich bin stark" und „ich bin erfolgreich". Das Wort „nicht" kennt und versteht dein Unterbewusstsein nicht. Deshalb bedeutet ein Satz wie „ich bin nicht krank" für dein Unterbewusstsein so viel wie „ich bin krank".

Bleiben wir noch ein wenig bei den Gedanken. Etwas, das dir auf deinem Weg zu mehr Glück und Lebensfreude helfen und du immer mehr dein inneres Licht leben kannst ist, wenn du lernst, deine Gedanken zu beobachten. Du kannst dir auf diese Weise bewusstwerden, wie viel du unbewusst und unkontrolliert denkst. Es kann dir helfen, dein Gedankenwirrwarr zu stoppen. Wenigstens für den Moment. Es ist unglaublich, welcher Redeschwall Sekunde um Sekunde in uns herrscht. Es ist nicht ganz einfach, sich selber beim Denken zu beobachten. Versuche, dass ein Teil von dir dir beim Denken zuhört. Als wärst du zwei Personen, der eine denkt und redet und redet und der andere hört sich selber zu. Du kannst dir dann auch noch die Frage stellen, welcher Teil von dir spricht da die ganze Zeit und welcher Teil hört zu?

Es ist ja schon länger bekannt, dass mindestens 95 % unbewusste Gedanken unser Denken beherrschen und nur höchstens 5 % denken wir bewusst. Diese 95 % kommen von unserem Unterbewusstsein. Von dort kommt alles, was wir gelernt haben und in uns gespeichert ist.

In den ersten 5–7 Lebensjahren fließen alle Informationen vollkommen ungefiltert in uns hinein. Der kleine Mensch nimmt alles als Wahrheit in sich auf. Ein kleines Kind kann noch nicht abwägen oder wissen, was falsch oder richtig ist. Während der embryonalen Phase, bis zirka zum 7. Altersjahr, wird die kindliche „Festplatte" programmiert. Wenn du dann erwachsen bist, weißt du gar nicht, warum du das Gefühl hast, nicht gut genug oder zu dumm für etwas zu sein. Du weißt unter Umständen auch nicht, warum du vor gewissen Sachen Angst hast. Deine Einstellung zu Männern oder Frauen und zu verschiedenen Menschengruppen sowie Ablehnungen und Ängsten, wurden fast immer in dieser kindlichen Phase programmiert. Sie bestärken die bereits vorhandenen Zellinformationen aus anderen Inkarnationen, die du mit dem Wunsch, sie zu heilen, in dieses Leben mitgenommen hast. All das kommt dann, wenn du erwachsen bist und dich eine Lebenssituation triggert, ungefiltert aus deinem Unbewussten ins Bewusstsein und du reagierst ganz automatisch darauf, ohne zu wissen, woher dieses Denken oder diese Lebenseinstellung kommt.

Wüssten die Erwachsenen, was sie den Kindern antun und was für Folgen es haben kann, wenn sie ihnen zum Beispiel sagen, dass sie nicht gut genug sind, oder dass sie dumm sind und vieles mehr, würden sie vielleicht anders mit den Kindern kommunizieren. Jedoch wurden auch die Eltern in der Regel nicht anders programmiert.

Nun gilt es aber, diese unbewussten Gedanken im Erwachsenenalter zu beobachten und zu erkennen. Beobachte sie und frage dich: „Sind das meine Gedanken, meine Überzeugung, mein wahres, inneres Wissen?"

Beobachte auch, was diese Gedanken mit deinen Gefühlen machen. Denn es sind genau diese unbewussten Gedanken, die in dir plötzliche Trauer, Wut, Ablehnung, Verachtung, Misstrauen und Angst auslösen. Plötzlich sind solche destruktiven Gedanken da und du weißt nicht, dass du sie nicht bewusst gedacht hast. Tatsächlich ist es so, dass unsere Gefühle blitzartig, durch unsere unbewussten Gedanken, verändert werden können und unsere Gedanken werden wiederum durch unsere Gefühle verändert.

Stell dir deshalb in solchen Momenten folgende Fragen:

- Will ich wirklich solche Gedanken und Gefühle haben?
- Fühlen sie sich richtig an?
- Passen sie zu meiner wahren Lebenseinstellung?
- Bereichern diese Gefühle und Gedanken mein Leben?

Es wäre jetzt aber völlig falsch, die Eltern oder die Menschen aus dem kindlichen Umfeld dafür verantwortlich zu machen, dass wir so programmiert sind, wie wir es sind. Denn es ist in der Tat so, dass du deine Eltern und dein Umfeld genau so ausgesucht hast. Das heißt, deine Seelenkraft hat es so ausgesucht, um zu wachsen und innerlich frei zu werden. Ich weiß, dass ich mich wiederhole. Deine Seele nimmt den Wunsch, verschiedene Sachen zu heilen, in dieses Leben mit. Deshalb liegt auch hier die Freiheit der Verantwortung ganz bei dir selbst.

In dem Moment, in dem dir diese negativen Gedanken bewusst werden und du unangenehme Gefühle erfährst, kannst du die Spiegelbildarbeit anwenden und die Energie aus dieser entstandenen Kreation zu dir zurück holen und somit transformieren. So entsteht Heilung und Wachstum. Und so kannst du dein Leben positiv verändern. Du bist deinem Unbewussten nicht machtlos ausgeliefert! Heile es.

Gedanken machen Gefühle und beeinflussen deine Gesundheit

Gedanken und Gefühle stehen in ununterbrochener Wechselwirkung zueinander.

Was heißt das? Nachdem wir wissen, dass viele unserer Gedanken und unsere Lebenseinstellung vom Unterbewusstsein ins Bewusstsein dringen, ist es wichtig zu wissen, dass Gedanken Gefühle verursachen können.

Deshalb ist die Kontrolle über unsere Gedanken auch so wichtig. Du selbst entscheidest schlussendlich, ob du einen aufsteigenden Gedanken weiterdenkst. Das heißt, dass du vielleicht etwas im Außen beobachtest und dir deine eigene Meinung darüber bildest. Das geschieht blitzartig, und wie schon erwähnt, kommt das Urteil darüber sehr oft aus deinem Unterbewusstsein. Aber wenn das Urteilen in dein Bewusstsein dringt, entscheidest du selbst, ob du es weiterdenken oder stoppen willst. Du kannst diesem aufsteigenden Gedanken zum Beispiel sagen: „Verändere dich!" Das kann dir helfen, deine Gedanken bewusster wahrzunehmen und sie allenfalls zu stoppen und zu verändern.

Manchmal entstehen in gewissen Lebenssituationen richtige Gedanken- Karusselle. Und es denkt und denkt und urteilt vielleicht weiter und weiter und weiter. Und du merkst es oft gar nicht. Je nachdem wie deine Gedanken zusammengesetzt sind, fühlst du dich immer schlechter und schlechter. Es kann dich regelrecht herunterziehen. Und eh du dich versiehst, hast du einen dicken Klumpen im Magen.

Das muss aber nicht sein. Wenn du bemerkst, dass dies bei bestimmten Themen, zum Beispiel bei Diskussionen mit deinem Partner oder Chef, oder wenn du bestimmten Menschen begegnest, immer wieder geschieht, dann wende den Transformationsprozess (Seite 65) an. Es kann aber auch sein, dass du dich an die Negativschleife deiner Gedanken so gewöhnt hast, dass es schwer ist, sie sofort zu erkennen. Deshalb ist es so wichtig, deine Gedanken und deine Gefühle zu beobachten, damit du solche Gedankenschleifen stoppen kannst und vielleicht hilft es dir ja auch, wenn du zu den Gedanken sagst: „Verändere dich."

Es gibt da die ganz famosen Pessimisten, die reden sich in Gedanken ganz gerne in Rage und merken nicht, was sie sich selber damit antun. Es ist äußerst wichtig für deine Gesundheit, dass du lernst, dich in diesem Gedankenkarussell zu stoppen. Denn es kann in dir wesentlich mehr Schaden anrichten, als du dir bewusst bist.

Der Zellbiologe Bruce Lipton, der das Buch „Intelligente Zellen" geschrieben hat, hatte herausgefunden, dass unsere Zellen nicht in jeder Lebenssituation gleich gut funktionieren. Er sagt: „Unsere Überzeugungen steuern unsere Biologie!" Negative Gedanken sind sehr destruktiv und zerstörerisch. Sie können das Zellwachstum verhindern und blockieren.

Bruce Lipton konnte nachweisen, dass unsere Zellen in einer Wachstums- oder Stagnationsphase sein können. Wenn die Energie in uns im Positiven fließt, können die Zellen wachsen. Das bedeutet, es können neue Zellen gebildet werden. Er schreibt: „Jeden Tag nutzen sich in Ihrem Körper Milliarden von Zellen ab und müssen ersetzt werden. Zum Beispiel wird die gesamte zelluläre Innenoberfläche Ihres Darmes alle zweiundsiebzig Stunden ausgetauscht. Um diese ständige Zellerneuerung zu gewährleisten, muss Ihr Körper jeden Tag eine gewisse Energiemenge aufbringen." Wahnsinn, was unser Körper jeden Tag für ein Wunder vollbringt!

Wenn wir also in einer destruktiven Energie sind, ist der Körper offensichtlich nicht in der Lage, in diesem Maße neue und gesunde Zellen zu bilden, wie wir es bräuchten. Das kann auf die Dauer unweigerlich zu Krankheit führen.

Wenn zum Beispiel jemand total verliebt ist und dadurch seine oder ihre Welt ganz in Rosa getaucht wurde, so hat der Körper viel Energie zur Verfügung, um gute Arbeit zu leisten. Kranke Menschen, die verliebt sind, fühlen sich in der Zeit des Verliebtseins meist viel gesünder und symptomfreier. Das kommt daher, dass die Gedanken in dieser Zeit alles Erlebte positiv bewerten und nicht immer an die Probleme der Krankheit gedacht wird. Es werden auch viele Glückshormone ausgeschüttet, die das körperliche Wohlbefinden unterstützen und die Zellerneuerung läuft auf hohem Niveau.

Wenn du dich aber besonders lebendig fühlst, wenn du wütend bist und negativ denkst (es gibt tatsächlich Menschen, die sich nur so lebendig fühlen), dann kann es laut Bruce Lipton sein, dass du damit Krankheiten heraufbeschwörst.

Natürlich meine ich damit nicht, wenn du einmal wütend bist. Wut kann manchmal auch ganz gut sein, kann zum Beispiel ein Antrieb sein, um in die Gänge zu kommen. Oder wenn du in einem Transformationsprozess bist, bei dem du Wut empfindest und die Lebenssituation heilen möchtest, dann kann es ganz wichtig sein, dass du ganz in die Wut eintauchst, um dann durch die Transformationsarbeit (Seite 65) möglichst große Heilung erlangen zu können.

Wut kann also manchmal auch ganz heilsam sein. Es gibt grundsätzlich kein Gefühl, dessen wir uns schämen oder unterdrücken müssten. Wenn wir jedoch merken, dass es uns längere Zeit herunterzieht, ist es wichtig, etwas daran zu ändern.

All die Zellen, die täglich aus einem natürlichen Erneuerungsprozess absterben, müssen neu gebildet werden. Natürlich ist dabei unter anderem auch eine gesunde Ernährungsweise hilfreich. Dazu später mehr.

Bruce Lipton konnte beweisen, dass die Zellerneuerung am besten funktioniert, wenn du glücklich und zufrieden bist, also gute Gefühle hast. Milliarden von Zellen müssen täglich neu gebildet werden! Da ist jede Unterstützung, die du deinem Körper geben kannst, von Bedeutung. Wenn du in dir Liebe, Glück, Dankbarkeit, Freude, Gelassenheit, Frieden oder Leichtigkeit fühlst, unterstützt du diesen Prozess sehr positiv. Deshalb ist es so wichtig, dir deiner Gedanken und Gefühle bewusst zu werden, negative Gedanken und Gefühlskarusselle zu stoppen und zu lernen, auf eine gesunde und stärkende Art positiv zu denken.

Das heißt jetzt natürlich nicht, dass du dich künstlich positiv verhalten sollst. Denn das ist bestimmt nicht gesund und das Gefühl des Unglücklichseins kann sich dabei verstärken. Dazu eine Geschichte:

Ich hatte in der Pflege einmal eine Mitarbeiterin, nennen wir sie Pia. Sie war immer sehr aufgestellt und wirkte auf ihr Umfeld sehr glücklich und zufrieden. Sogar andere Mitarbeiter hörte ich sagen, dass sie auch gerne so glücklich und fröhlich sein würden. Ich traute meinen Ohren nicht und fragte, ob sie das wirklich ernst meinen. Und sie bejahten es tatsächlich. Ich konnte nicht verstehen, dass nicht jeder sah, in welcher tiefen dunklen Nacht der Seele sich Pia befand. Ein Blick in ihre Augen und es war für mich offensichtlich, dass es ihr in Wahrheit sehr schlecht ging. Aber offenbar konnte sie für alle anderen diese Tatsache super überspielen und sich positiv zeigen.

Eines Abends, als wir in unserer Spätschicht eine Pause einlegten, fragte ich sie nach ihrem Befinden. Sie strahlte und versicherte mir mehr als einmal, dass es ihr einfach prima gehe. Daraufhin ließ ich sie wissen, dass ich in ihren Augen ihren tiefen Seelenschmerz sehen könne, und dass sie sich mir mitteilen darf, falls sie das möchte. Sofort fielen alle künstlichen Mauern der Fröhlichkeit. Sie erzählte mir, wie schlecht es ihr ging und wie unglücklich sie tief in sich war und kaum Lebensfreude empfand. Sie war total erstaunt, dass ich das erkennen konnte, denn niemand sonst, weder Familie noch Freundeskreis, erkannte ihre tiefe seelische Not, die schon seit vielen Jahren Teil von ihr war. Und ich verstand nicht, dass das niemand sehen und spüren konnte. Es tat ihr gut, einmal über ihren tiefen Kummer zu sprechen. Ich motivierte sie, dass sie über ihre wahren Gefühle sprechen soll und ehrlich zu sich selber, wie auch zu den anderen sein solle. Vielleicht könne sie so ihr seelischer Schmerz heilen. Ich weiß nicht, ob sie meinem Rat gefolgt ist. Vermutlich hat sie als Kind die Erfahrung gemacht, dass ihr Umfeld glücklich ist, wenn sie sich fröhlich gibt. Und da es ihr Wunsch war, dass es allen gut geht, hat sie diese äußere Fröhlichkeit gelebt, ohne sich wirklich glücklich zu fühlen. (Ich dachte so bei mir, dass das dann vielleicht die Menschen sind, die plötzlich aus dem Leben scheiden und rundherum versteht es keiner, „denn sie war doch immer so ein fröhlicher Mensch.")

Also, das meine ich nicht mit positiv sein! Es sollte echt sein und es sollte aus einer inneren tiefen Entscheidung heraus entstehen. Sich bewusst dafür zu entscheiden und zu lernen, zum Beispiel das Positive einer Angelegenheit oder einer Lebenssituation zu sehen, hat nichts damit zu tun, blauäugig zu sein oder sich etwas schön zu reden. Doch es kann dir helfen, die dich stärkende Seite einer Sache zu sehen. Jede Situation hat immer zwei Seiten, und du selber entscheidest, welcher Seite du deine Aufmerksamkeit und Energie schenken möchtest. Es ist eine wichtige Entscheidung, die du treffen kannst, bewusst positiv durchs Leben zu gehen, lebensbejahend zu sein und das Gute in allem entdecken und finden zu wollen. So entsteht unglaublich viel kraftvolle und stärkende Energie in dir.

Und dort, wo es nicht möglich ist, denn es sollte sich ja immer authentisch anfühlen, also dort wo es nicht möglich ist, machst du den Transformationsprozess. Dann wandelt sich auch das nach und nach ins Gute.

Deine Gedanken bilden deine Wirklichkeit

„Was du heute denkst, wird dein morgen sein.“

Dieser Satz soll dir bewusst machen, dass du mit deinem Denken Vieles in dein Leben ziehst, und dies geschieht, wie ich bereits geschrieben habe, meistens unbewusst. Deshalb habe ich auch gesagt, dass es nicht das Dümmste wäre, seine eigenen Gedanken und somit seine eigenen Überzeugungen zu beobachten. Positive Gedanken sind eine biologische Voraussetzung für ein glückliches, gesundes Leben. In den Worten Mahatma Gandhis:

Deine Überzeugungen werden deine Gedanken
Deine Gedanken werden deine Worte
Deine Worte werden dein Handeln
Dein Handeln wird zu deinen Gewohnheiten
Deine Gewohnheiten werden zu deinen Werten
Deine Werte werden zu deiner Bestimmung.

Wenn du dir bewusst wirst, was du denkst, und du deine inneren Überzeugungen immer mehr kennen lernst, kannst du sie ändern. Einerseits mit dem Transformationsprozess (Seite 65), aber auch, und das ist sehr wichtig, mit einer klaren Entscheidung, die du triffst.

Du entscheidest dich in jedem Moment für das Leben, das du führst. Ich weiß, dass ich mich wiederhole, aber ich kann es nicht oft genug sagen.

Wir sind uns dessen zu wenig oder gar nicht bewusst, aber außerhalb von dir entscheidet niemand anderes, welchen Weg du gehst.

Viele sind der Meinung, dass sie keine andere Wahl haben und genau den Weg gehen müssen, den sie gehen. Sie meinen, dass sie keine Alternativen haben. Sie müssen Geld verdienen, sich vielleicht um die Familie kümmern und vieles mehr. Dann lehnen sie sich zurück und verändern nichts, sind vielleicht unglücklich und unzufrieden, weil sie glauben, keine andere Wahl zu haben. Falls du zu den Menschen gehörst, die mit ihrem jetzigen Lebensumstand nicht glücklich sind, kannst du etwas ändern.

Zuerst ist es einmal wichtig, dass du verstehst, dass du dich durch deine eigenen bewussten und unbewussten Gedanken und Überzeugungen in deine jetzige Wirklichkeit gebracht hast. Und das ist okay. Es wäre absolut nicht sinnvoll, sich dafür Vorwürfe zu machen. Viel mehr solltest du es anerkennen und dazu stehen. Und nun, und das ist großartig, hast du die Freiheit und die Möglichkeit, neue Entscheidungen zu treffen.

Nehmen wir einmal ein einfaches Thema. Übergewicht. Falls du dich wohl fühlst mit deinem Gewicht und du wirklich glücklich damit bist, dann ist das natürlich super. Aber wenn dem nicht so sein sollte, dann musst du dich fragen, welche Entscheidungen haben dazu geführt, dass du Übergewicht hast? Denn eigentlich entscheidest du selber, was du täglich zu dir nimmst. Es sind in der Regel auch nicht deine Gene, die dafür verantwortlich sind. In der Tat ist es so, dass die Menschen sehr viel über die Ernährung kompensieren und Frustessen veranstalten. Deshalb ist es auch gerade bei Übergewicht wichtig, seine Gedanken und Emotionen zu beobachten. Und oft ist es erst möglich, eine neue Entscheidung zu treffen, wenn die Ursache transformiert worden ist. Meistens haben die Menschen, die zu oft zu Nahrungsmittel greifen, kurz davor ein Gefühl in sich, das sie dann in die Küche schreiten lässt. Wenn sie sich die Zeit nehmen, genau dieses Gefühl bewusst zu fühlen, bekommen sie die Chance, es zu heilen.

Ich habe einmal von einer Frau gehört, die alles Mögliche versucht hatte, um ihr Gewicht zu reduzieren. Nichts half. Die Pfunde blieben hartnäckig. Irgendwann führte sie ihr Leben auf den afrikanischen Kontinent. Dort lebte sie längere Zeit. Wie durch Zauberhand verlor sie an Gewicht und wurde schlank. Sie konnte es sich nicht erklären, aß sie doch gar nicht weniger. Als sie sich entschied, dieser Sache auf den Grund zu gehen, fand sie heraus, dass sie **unbewusst** für die Männerwelt unattraktiv sein wollte. In diesem afrikanischen Land galt es als schön, wenn die

Frau schöne Rundungen hatte. Nun musste ihr Körper nach ihrer inneren Überzeugung handeln und Gewicht verlieren, damit sie weiterhin unattraktiv auf die Männer wirkte.

Oft hat Übergewicht einen tieferen seelischen Hintergrund, deshalb beobachte genau, was du mit dem Essen kompensierst und versuche, das Gefühl dazu zu transformieren.

Auch ich hatte mit dem Thema Essen meine Probleme. Ich aß immer sehr viel. Glücklicherweise war mein Stoffwechsel so angelegt, dass ich nicht zugenommen habe. Ich war bis zu meinen Wechseljahren immer sehr schlank. Aber aus irgendeinem Grund konnte ich verschiedene Nahrungsmittel nicht einfach stehen lassen. Wenn mir, wo auch immer, etwas „Gutes" angeboten wurde, musste ich es essen. Auch wenn ich nicht wirklich Hunger hatte. Obwohl ich mich schon seit so vielen Jahren mit gesunder Ernährung auseinandersetzte, schaffte ich es meistens nicht sehr lange, auf ungesunde Nahrungsmittel zu verzichten. Es war wie ein innerer Drang, danach zu greifen. Ich konnte locker essen, bis nichts mehr da war. Nach den Kalorien, die ich verschlungen habe, müsste ich ziemlich gut gebaut sein. Zum Glück hat das mein Stoffwechsel nicht zugelassen.

Ich setzte mich dann einmal mit diesem Thema auseinander, weil ich spürte, dass dieser innere Drang, der wie ein Zwang war, sich nicht wirklich gut anfühlte. Ich sah mit meinem inneren Augen Folgendes: „Ich war in einem anderen Leben mit einer Menschengruppe unterwegs. Es war Kriegszeit und ich hatte keine Angehörigen dabei. Wir waren auf der Flucht. Ich war noch ein kleines Kind. Vielleicht so fünf Jahre alt. Alle waren hungrig und durstig, schmutzig und erschöpft. Wir versteckten uns und übernachteten im dunklen, geschützten Wald. Eines Morgens, als ich aufwachte, war ich vollkommen alleine! Die anderen sind weitergezogen und haben mich vergessen!! Ganz alleine saß ich da im feuchtkalten Wetter und der Wald wirkte sehr dunkel und furchteinflößend auf mich. Panik stieg in mir auf! Mein Hunger wurde immer unerträglicher. Es fand sich nichts Essbares, das meinen Hunger stillen

konnte. Ich hatte sehr große Angst, dass ich verhungern muss …
was dann auch geschah."

Die tiefe, unbewusste, emotionale Angst, dass mir plötzlich
keine Nahrung mehr zur Verfügung stehen könnte, ließ mich
deshalb immer viel essen. Dadurch, dass ich erkannt habe, welchen Ursprung mein innerer Drang hatte, konnte ich ihn heilen. Darüber bin ich sehr froh, denn ich stand damals in der An-
fangszeit meiner Wechseljahre und mein Stoffwechsel änderte
sich. Würde ich noch heute so viel essen wie früher, wäre ich sicher kugelrund.

Ein weiteres, stark vertretenes Thema ist der liebe Job. Auch
den kannst du wechseln, wenn er dir nicht gefällt. Da höre ich
schon deine Einwände, die sagen, dass das nicht so einfach ist.
Man hat ja schließlich Verpflichtungen und kann nicht einfach
aus- oder umsteigen. Warum? Weil dann das Einkommen vielleicht nicht mehr reicht. Wozu? Na, für meinen Lebensstan-
dard. Ah okay, du hast dich also für einen bestimmten Lebens-
standard entschieden. Du hast eine Entscheidung getroffen, wie
dein Standard aussehen soll. Wenn du das entschieden hast und
das ein bestimmtes Einkommen erfordert, dann kannst du dich
nicht beklagen. Denn es liegt in deiner Verantwortung, dass du
diese Entscheidung getroffen hast. Du hast dir überlegt, dass du
gewisse Standards haben möchtest und hast dein Leben in diese Richtung hin mit deinen Entscheidungen beeinflusst. Und
das ist voll okay so. Wenn du dir nun aber überlegst, einen anderen Job zu machen und da weniger verdienen würdest, aber
vielleicht bei der Arbeit glücklicher wärst, müsstest du bereit
sein, deinen Standard zu minimieren. Es ist deine freie Wahl.
Du kannst natürlich auch deine Gefühle zum Job transformieren und Frieden damit finden oder über die Kraft deiner Gedanken und deines Gefühls einen neueren, noch besseren Job,
in dem das Gehalt stimmig ist, in dein Leben ziehen. Egal, wofür du dich entscheidest, es ist deine freie Wahl, die du bewusst,
aber manchmal auch unbewusst wählst.

Heute gibt es immer mehr Menschen, die sich für ein Leben im Minimalismus entscheiden. Sie haben lieber mehr Zeit, um das Leben zu genießen, als dass sie viel Materielles besitzen.

Viele, die sagen, dass sie keine Wahl haben, sind Menschen, die nicht bereit sind, ein anderes Leben zu führen, oder sie sind nicht bereit, den Aufwand auf sich zu nehmen, um etwas in ihrem Leben grundlegend zu ändern. Die Wahl allerdings, die hätten sie schon. Jeder darf sein Leben so gestalten und leben, wie er möchte.

Ich wollte dich nur darauf aufmerksam machen, dass du in der Tat immer eine Wahl hast und deine eigenen Entscheidungen triffst. Und so niemand für deine eigene Wirklichkeit verantwortlich ist als du selbst.

Wenn man sich mit dieser Thematik auseinandersetzt, kann das sehr viel gestaute Energie zum Fließen bringen. Es lohnt sich, sich darüber Gedanken zu machen, ob die Wahl, die du gestern getroffen hast, sich auch heute noch richtig anfühlt. Es liegt in deiner Freiheit, dich anders zu entscheiden. Und egal, welche Entscheidung du triffst, du trägst die Verantwortung dafür.

Tauche in die wahre Liebe ein

Ich stelle verschiedenen Menschen innerhalb und außerhalb meiner Praxis oft die Frage: „Kannst du dich nackt vor einen Spiegel stellen und zu deinem Spiegelbild sagen, ich liebe dich aus ganzem Herzen? Kannst du dir tief in die Augen schauen und dir sagen, ich liebe dich, genau so wie du bist, mit deinem ganzen Sein, mit all den Entscheidungen, die du im Leben getroffen hast?" Ich kann mich nicht erinnern, dass jemand diese Frage mit ja beantwortet hat. Das ist eine traurige Tatsache. Denn du bist das Wichtigste in deinem Leben, und deine einzige, wirkliche Aufgabe ist es, dich zu lieben und dich glücklich zu machen! Denn, wenn du wahrhaft glücklich bist, so strahlst du dieses Glück aus und alle um dich herum können davon profitieren. Doch halten sich viele Menschen lieber klein, unscheinbar und unbedeutend. Vielleicht habt ihr das so von euren Eltern oder anderen Personen abgeschaut, bewusst oder unbewusst.

Wenn du dich nun aber jeden Tag vor den Spiegel stellst und dich anschaust, es muss natürlich nicht unbedingt nackig sein, aber stell dich vor den Spiegel und nimm dir Zeit. Schau dir tief in die Augen und versuch herauszufinden, was in dir passiert. Welche Gedanken und Gefühle kommen an die Oberfläche? Oft sind es Trauer und Schmerz, weil dir bewusst wird, dass du den wichtigsten Menschen in deinem Leben vernachlässigt hast. Du hast ihn auf das Abstellgleis gestellt und ihn dort vergessen. Den wahren Blick in deine Augen kann unglaublich viel auslösen. Versuche, dem Impuls, wegzuschauen, standzuhalten und schaue dir 10–15 Minuten in die Augen. Lass zu, wenn du weinen musst. Lass zu, wenn du wütend wirst. Lass es einfach geschehen.

Frage dich immer wieder, während du tief in deine Augen und somit tief in dich hineinschaust: „Liebe ich dich?" Versuche es, halte die Gefühle in dir aus. Versuche, eine wahre und wirkliche Liebesbeziehung mit dir aufzubauen und einzugehen.

Frage dich weiter, während du dir in die Augen schaust: „Was brauchst du zum glücklich sein?" „Was kann ich tun, dass du dich geliebt fühlst? Wie kann ich dich im Leben unterstützen?" Bleibe standhaft und blicke dir bei diesen Fragen direkt in deine Augen und horche auf die Stimme in deinem Inneren. Sie wird dir sehr genau sagen, was sie zum Glücklichsein braucht und welche Unterstützung sie von dir wünscht.

Tatsächlich kannst du mit dieser Methode die Liebe in dir und zu dir so stark werden lassen, dass du in die Energie des Verliebtseins kommst. Vielleicht braucht es dafür Tage, Wochen oder Monate, in denen du dich täglich 10–15 Minuten in die Augen schaust und mit dir kommunizierst.

Daraus kann eine unglaublich starke Heilenergie entstehen. Wenn du den Mut aufbringen kannst, diese Spiegelarbeit zu machen, um nach und nach immer mehr in die Liebe zu dir selbst einzutauchen, wird sich dein Leben und dein Lebensgefühl vollständig verändern. Du wirst von innen heraus strahlen. Jünger, glücklicher und positiver auf andere Menschen wirken. Sie werden sich von deiner veränderten Energie angezogen fühlen und halten sich gerne in deiner Nähe auf.

Für dich selber wird das Leben eine andere Farbe bekommen. Das Leben wird runder laufen und tiefes Glück wird dich erfüllen.

Mach dir bewusst, dass du Liebe, Wertschätzung, Sicherheit und Erfüllung nicht im Außen suchen musst, denn du trägst einen Schatz in dir, der all diese Dinge beinhaltet. Mach dir all das zu deinem eigenen Geschenk. Wahre Freiheit, Glück und innerer Frieden entsteht, wenn du in dir erkennst, wer du wirklich bist, nämlich ein unendlich lichtvolles, strahlendes und starkes Wesen. Den Erfolg dieser Spiegelarbeit kannst du auch am Grad an Frieden, den du in dir fühlst, erkennen.

Ich möchte hier die schönen Zeilen, die Charlie Chaplin angeblich an seinem 70. Geburtstag am 16. April 1959 geschrieben hat, wiedergeben.

Als ich mich selbst zu lieben begann

Als ich mich selbst zu lieben begann,
habe ich verstanden, dass ich immer und bei jeder Gelegenheit,
zur richtigen Zeit am richtigen Ort bin
und dass alles, was geschieht, richtig ist,
von da an konnte ich ruhig sein.
Heute weiß ich: dass nennt man VERTRAUEN.

Als ich mich selbst zu lieben begann,
konnte ich erkennen, dass emotionaler Schmerz und Leid,
nur Warnungen für mich sind,
gegen meine eigene Wahrheit zu leben.
Heute weiß ich: das nennt man AUTHENTISCH SEIN.

Als ich mich selbst zu lieben begann,
habe ich aufgehört, mich nach einem anderen Leben zu sehnen
und konnte sehen, dass alles um mich herum
eine Aufforderung zum Wachsen war.
Heute weiß ich: das nennt man REIFE.

Als ich mich selbst zu lieben begann,
habe ich aufgehört, mich meiner freien Zeit zu berauben,
und ich habe aufgehört, weiter grandiose Projekte für die Zukunft zu entwerfen.
Heute mache ich nur das, was mir Spaß und Freude macht,
was ich liebe und was mein Herz zum Lachen bringt,
auf meine eigene Art und Weise und in meinem Tempo.
Heute weiß ich: Das nennt man EHRLICHKEIT.

Als ich mich selbst zu lieben begann,
habe ich mich von allem befreit, was nicht gesund für mich war,
von Speisen, Menschen, Dingen, Situationen
und vor allem, was mich immer wieder hinunter zog,
weg von mir selbst.
Anfangs nannte ich das gesunden Egoismus.
Aber heute weiß ich: das ist SELBSTLIEBE.

Als ich mich selbst zu lieben begann,
habe ich aufgehört, immer Recht haben zu wollen,
so habe ich mich weniger geirrt.
Heute habe ich erkannt: das nennt man DEMUT.

Als ich mich selbst zu lieben begann,
habe ich mich geweigert, weiter in der Vergangenheit zu leben,
und mich um meine Zukunft zu sorgen.
Jetzt lebe ich nur noch in diesem Augenblick,
wo ALLES stattfindet.
So lebe ich heute jeden Tag und nenne es BEWUSSTHEIT.

Als ich mich selbst zu lieben begann,
da erkannte ich, dass mich mein Denken
armselig und krank machen kann.
Als ich jedoch meine Herzenskräfte anforderte,
bekam der Verstand einen wichtigen Partner.
Diese Verbindung nenne ich heute HERZENSWEISHEIT

Wir brauchen uns nicht weiter vor Auseinandersetzungen,
Konflikten und Problemen mit uns selbst und anderen fürchten,
denn sogar die Sterne knallen manchmal aufeinander
und es entstehen neue Welten.
Heute weiß ich: DAS IST DAS LEBEN!

Liebe ist überall

Die wahre Liebe ist überall und allgegenwärtig. Du kannst sie
fühlen und erfahren, wenn du deine Aufmerksamkeit darauf
richtest, wenn du tief in dir, eine klare Entscheidung triffst und
dich bewusst für die wahre Liebe öffnest.

Das ganze Leben besteht aus tiefer Liebe zu dir, auch wenn
du es zurzeit vielleicht noch nicht erkennen kannst.

Ich weiß, dass sich das manchmal so gar nicht danach anfühlt. Doch ich sehe nichts als Liebe im Universum.

Das klingt jetzt natürlich ein wenig speziell, wenn man bedenkt, was hier auf der Erde alles passiert. Es sieht nicht immer nach Liebe aus. Aber aus meinen Erfahrungen in der Reinkarnationstherapie weiß ich, dass alles was passiert, einen Grund hat und in Liebe zu dir geschieht. Versuch darauf zu vertrauen, dass du getragen und geliebt wirst, überall und jederzeit.

Vor einiger Zeit machte ich für mich ein 7-tägiges Dunkelretreat. Ein solches Retreat kann helfen, dein inneres Licht stärker wahrzunehmen. Für diejenigen, die noch nie etwas darüber gehört haben, hier eine kurze Erklärung. Der Rückzug in die absolute Dunkelheit hilft dir dabei, dich ganz auf dich selbst zu fokussieren. Du hast keine Ablenkung. Dunkelheit und Stille umgeben dich. Und in diesem stillen und dunklen Raum wirst du ganz von selbst mit deiner Innenwelt konfrontiert.

Wenn du bis zu deinem Dunkelretreat noch keine Schattenseiten transformiert hast, kann es unter Umständen ziemlich heftig werden. Denn dort hast du keine Möglichkeit, dich von deinen Gefühlen abzulenken. Viele Gefühle, die du im Alltag vortrefflich unterdrücken und verdrängen konntest, können nun an die Oberfläche kommen und wollen endlich gefühlt und gehört werden. Einige halten diese geballte Ladung an freigesetzter Energie kaum aus und brechen frühzeitig ab. In jedem Dunkelretreat hast du aber einen Notknopf, um jemand für ein Gespräch zu dir zu bitten, um die Gefühle, die ins Bewusstsein kommen zu besprechen. Natürlich sind auch die Türen nicht abgeschlossen. Du bist ganz frei, in dieser Dunkelheit zu sein. Auch gesundes Essen und Getränke werden dir gebracht, es sei denn, dass du dich für eine Fastenzeit entscheidest.

Es braucht offenbar viel Mut, sich in dieser Form zurückzuziehen. So gut wie jeder, dem ich davon erzählt habe, konnte sich so etwas nicht vorstellen. Vielleicht ist die Angst zu groß, sich mit sich selber zu befassen.

Ich fand diese 7 Tage als etwas vom Besten, das ich je gemacht habe. Und ich würde es jederzeit wieder tun. Nichts zu müssen, nur zu sein, zu fühlen und zu spüren und mit sich selber in einen tiefen Kontakt zu kommen.

In diesen 7 Tagen, durfte ich verschiedene geistige Reisen unternehmen. Ich wurde von geistigen Helfern ins Universum mitgenommen, um von hoch schwingenden Wesenheiten unterrichtet zu werden. Es waren wunderschöne, erhebende Erfahrungen, die in Worten nicht wirklich zu beschreiben sind, da vieles in Form von Gefühlen mitgeteilt wurde.

Eine Information lautete in etwa wie folgt:

„Sei gegrüßt. Wisse, alles und jedes strebt nach dem Licht, immer und überall! Auch wenn es für dich oft nicht zu erkennen ist, so strebt doch JEDER Mensch und alles dem Licht und der Liebe entgegen. Auch wenn der Weg dorthin nicht immer Schönes hervorbringt. Auch wenn vermeintlich Schmerz verursacht wird. Das Ziel jeder Seele ist, dem Licht zuzustreben. (Die Natur macht es dir täglich vor.) Wie viel Zeit eine Seele braucht, um ihre wahre, wunderschöne, universelle Kraft hier auf Erden zu leben, ist unwichtig. Du kannst nicht wirklich fehlen. Wenn du in der Dunkelheit und im Schmerz des Vergessens darüber, wer du in Wahrheit bist, verbleibst, dann ist es nur dein eigenes Leiden.

Um aus der Dunkelheit und dem Schmerz herauszukommen, ist eine klare **Absicht** und **Entscheidung** erforderlich. Die ‚Hölle‘ der Menschen existiert nur in ihrem eigenen Leben und ihrem eigenen Bewusstsein, wenn sie im Vergessen darüber, wer sie in Wahrheit sind, leben.

Jede Seele ist universeller, göttlicher Natur, und somit stets ihr eigener Schöpfer. Das haben die Menschen vergessen. Sie können ALLES im Leben kreieren, schöpfen und manifestieren, doch sie haben es vergessen. Sie haben sich in der Dunkelheit und in der Angst verstrickt.

(Mir wurde das Zeichen Yin/Yang als Symbol gezeigt) Yang ist nicht besser oder schlechter als Yin und Yin nicht besser oder schlechter als Yang. So, wie in eurem Verständnis, gibt es Gut und Böse nicht. Es sind nur verschiedene Erfahrungsebenen. Denn ihr könnt nicht das Eine ohne das Andere begreifen. Beim Mensch-Sein geht es darum, alles zu begreifen und zu fühlen. Nun hat sich aber die Menschheit im Schmerz verloren. Dies wird nicht verurteilt. Es urteilt niemand über euer So-Sein. Nur ihr selbst tut das.

Viele sind hier, um zu helfen, und um auf das Licht aufmerksam zu machen. Es ist wichtig, euch bewusst zu machen, dass ihr für euer Leben selber verantwortlich seid. Denn ihr habt alles selber erschaffen und dadurch, dass ihr vergessen habt, wer ihr in Wahrheit seid, erschafft ihr unbewusst Schmerz und Dunkelheit in euch.

Es ist nur eine **tief gefühlte klare Entscheidung** nötig, und ihr erschafft euch Liebe, Licht, Fülle und Reichtum.

Und so ist es."

Ich kann es gar nicht oft genug sagen. Die universelle eine Kraft, die Quelle, ist bedingungslose Liebe. Sie verurteilt nie. Sie ist in ihrer Essenz vollkommen neutral. Wir sind absolut frei, unsere ganz eigenen Erfahrungen machen zu dürfen. Es existiert kein Gott im Himmel, der bei der Zeugung eines Menschen würfelt und entscheidet, wann, wo und in welchem Körper seine Seele inkarniert. Ob Gesundheit und Reichtum zu deinen Seelenerfahrungen zählen dürfen oder Krankheit und Armut, entscheidet dein höchstes Selbst, je nachdem, welche Lektionen und Lernprozesse es in diesem Leben erfahren möchte. Keiner ist in Wahrheit schlechter oder besser, auch wenn es sich in der Tat so anfühlen könnte.

Doch auch wenn du in Gesundheit und Reichtum lebst, bedeutet das nicht automatisch, dass du dich erfüllt und glücklich fühlst. Oft sind die Menschen, die in unserem Ermessen vielleicht gar keinen Grund zum Glücklichsein haben, die glücklichsten

Menschen. Das Glück, der Frieden und die Liebe entstehen ausschließlich in dir selbst. Egal wie das Außen sich zeigt.

Wenn du das tief in dir verstanden hast, wirst du wissen, wie einfach es ist, sich für die Liebe zu entscheiden.

Liebe ist die größte Kraft überhaupt. Keine andere Kraft ist so stark und bewirkt so unendlich viel wie die Liebe selbst.

Habe den Mut und öffne dich der unendlich großen, bedingungslosen Liebe und lasse sie in dein Leben.

Verwandle Angst in Liebe

In der Welt gibt es nur zwei Energien. Das ist die Liebe und die Angst. Alles was außerhalb der Liebe ist, befindet sich in der Energie der Angst. Die Energie der Angst wiederum, kommt aus dem Gefühl des Getrennt-Seins, was Trauer, Wut, Stress und Verletzbarkeit mit sich bringt. Wüsste der Mensch immer wahrhaftig, wer er ist, so würde er keine Angst empfinden, da er sich dann dessen bewusst wäre, dass er universelle Energie ist, aus dieser Energie gemacht ist und dass außerhalb dieser Energie nichts existiert. Und in dieser All-Einen universellen Energie ist er überall und immer sicher. Es kann ihm nichts passieren, er ist fortwährendes Bestehen, immerwährende Energie. Der physische Körper kann welken und sterben, doch das, was uns ausmacht, das, was wir wirklich sind, ist unsterblich.

Unsere wahre innere Kraft vollständig zu leben, braucht Mut. Viele Menschen fürchten sich vor ihrer eigenen, inneren Macht. Nichts hat so viel Kraft wie das universelle Licht und die bedingungslose Liebe in und um uns. Auch du bist über alle Maßen machtvoll.

Ich habe selber eine große Angst in mir kennen gelernt, in der es um meine nicht gelebte, innere, positive Kraft ging. Ich spürte, dass ich nicht den Mut hatte, diese zu leben. Ich wendete die MET Meridian-Transformations-Technik an, um diese

Angst zu transformieren. Während dieser MET wurde ich immer weiter zurück, in verschiedene andere Leben geführt. Es waren sehr viele aufeinandergeschichtete Ängste, die aufzulösen waren. Ich klopfte damals zirka zwei Stunden und reiste dadurch immer weiter zurück, durch all die Bereiche, die meinem damaligen Thema zu Grunde lagen. Es wechselte ab von Angst zu Wut und zu Trauer. Hin und her durch viele Schichten. So landete ich schließlich in der Zeit von Lemurien, wo ich als Priester eine falsche Entscheidung mit schlimmen Folgen traf. Viele Leben lang trug ich diese vermeintliche Schuld, die ich damals empfand, mit mir mit. Normalerweise gehen Transformationsarbeiten nicht so lange. Das war eine Ausnahme. Aber es zeigt auf, wie tief gewisse Erlebnisse gehen, und wie lange sie unser Leben beeinflussen können. Ich denke, dass es einige Menschen gibt, die Angst vor ihrer inneren Kraft und Macht haben, weil sie sie einmal falsch und zum Schaden anderer missbraucht haben. Auch die Geschichte mit Peter zeigte, dass er seine Macht in einem anderen Leben missbraucht hatte, und deshalb heute nicht mehr mit einem Gewehr schießen kann.

Erstaunlicherweise ist aber die Angst vor unserer inneren lichtvollen Kraft wirklich eine der größten Ängste.

Nelson Mandela hat einmal die schönen und ehrlichen Worte zu der Kraft unseres inneren Lichtes geschrieben.

Unsere tiefste Angst

Unsere tiefste Angst ist nicht,
dass wir unzulänglich sind,
unsere tiefste Angst ist,
dass wir unermesslich machtvoll sind.

Es ist unser Licht, das wir fürchten,
nicht unsere Dunkelheit.
Wir fragen uns: „Wer bin ich eigentlich,
dass ich leuchtend, hinreißend,
begnadet und fantastisch sein darf?"
Wer bist du denn, es nicht zu sein?
Du bist ein Kind Gottes.
Wenn du dich klein machst,
dient das der Welt nicht.
Es hat nichts mit Erleuchtung zu tun
wenn du schrumpfst,
damit andere um dich herum
sich nicht verunsichert fühlen.

Wir wurden geboren
um die Herrlichkeit Gottes zu verwirklichen,
die in uns ist.
Sie ist nicht nur in einigen von uns:
Sie ist in uns allen.

Und wenn wir unser eigenes Licht erstrahlen lassen wollen,
geben wir anderen Menschen
unbewusst die Erlaubnis,
das Gleiche zu tun.

Wenn wir uns vor unserer eigenen Angst
befreit haben
wird unsere Gegenwart ohne unser Zutun
andere befreien.

Es ist in der Tat so, dass du andere inspirieren kannst, wenn du dein Licht strahlen lässt und die Liebe lebst. Die Menschen brauchen ganz dringend authentische, liebevolle und herzliche Begegnungen. Das lässt dein Gegenüber aufblühen und wirkt stärkend auf ihn. Es können dadurch aus unseren tiefsten Schichten Erinnerungen wachgerufen werden. Erinnerungen über die Wahrheit, wer wir wirklich sind.

Bist du schon einmal einem Menschen begegnet, der dich mit seiner Ausstrahlung im Positiven berührt hat? Seine Augen und sein Wesen, dich tief in dir angesprochen haben und du dachtest: „So will ich auch sein. Eine so wunderschöne, positive und fröhliche Ausstrahlung möchte ich auch haben." Dadurch hast du womöglich eine innere Entscheidung getroffen. Warst du dir aber auch bewusst, dass du in diesem Moment deine eigene, innere positive und wunderschöne Seite gesehen hast? Du kannst nur immer das wahrnehmen, was du selber bist und dich dann bewusst entscheiden, dass du diese Energie auch bewusst lebst.

Mir ist das schon öfters passiert, dass ich solchen wundervollen Menschen begegnet bin. Es waren nicht unbedingt sogenannte spirituelle Lehrer. Vielmehr ganz normale Menschen, die einfach aus ihrem natürlichen Sein ihre Liebe fließen ließen und eine Herzlichkeit und Freundlichkeit ausstrahlten, die mich sehr beeindruckte. Das sind Menschen, die, bewusst oder unbewusst, nicht in dem Gefühl der Trennung, sondern des Eins-Seins leben.

Wir sind alle ein und dieselbe Energie. Auch wenn es sich nicht immer so anfühlen mag. Wir sind nicht wirklich voneinander getrennt. Um jedoch unsere individuellen Seelenerfahrungen machen zu können, mussten wir zuerst das Gefühl des Getrennt-Seins leben. Aber nur so lange, bis wir zu uns selbst erwachen und verstehen und fühlen, wer wir in Wahrheit sind. Dann wissen wir, dass wir nicht voneinander getrennt sind. Dann wird dir bewusst, dass alles, was du dir selber antust, du gleichzeitig allen, ja dem ganzen Leben antust. Es wirkt sich immer alles auf das ganze Universum aus. Mein Vater sagte oft den Spruch: „Tu keinem anderen was zuleide, was du nicht selbst an dir erfahren willst." Wir tun uns alles selbst zuleide, was wir anderen antun. Alles fließt zu uns zurück, da wir eine einzige, universelle Energie sind.

Unser Strahlen, das von innen nach außen dringt, muss echt sein. Nichts Aufgesetztes, Unechtes. Keine Scheinfreundlichkeit. Sei echt in deinen Gefühlen und wenn du ein Gefühl hast, das aus der Angst entsprungen ist, dann nimm dieses Gefühl ernst. Gehe tief in das Gefühl hinein, respektiere es und dann transformiere es (siehe Seite 65).

Versuche, dich immer in Ehren zu halten und deine beste Version deines Selbst zu leben.

Du kannst dir dazu folgende Fragen stellen:

Liebe ich mich ausreichend:
- um mir selbst jeden Tag, jeden Augenblick, das zu geben, was ich brauche, um meine beste Version meines Selbst zu leben und zu sein?
- um meinem Körper das Optimale zu geben, damit er gesund und stark sein kann?
- um meiner Seele die Nahrung zu geben, die sie braucht, um in eine hohe, licht- und liebevolle Schwingung zu kommen?

Frage dich auch:
- was gebe ich selber dem ganzen Universum, durch mein Denken, Fühlen, Handeln, Sprechen, durch mein ganzes Sein?
- Gibt es eine Möglichkeit für mich, glücklicher zu werden? Was muss ich dafür tun?

Du kannst unermesslich viel verändern, durch dein bloßes Sein. Jeder Mensch, auch du, bist wichtig, um die Energie auf der Erde und im Universum zu verändern. Sei dir immer bewusst, dein Denken, deine Gefühle und dein Glauben kontrollieren und verändern dein Verhalten und schlussendlich deine Wirklichkeit.

Ändere deine Gedanken und deine inneren Überzeugungen und du änderst dein Leben und die ganze Welt.

Habe den Mut, deine Angst in Liebe zu verwandeln.

Verzeihung und Lösungsarbeit

Ja, es gibt nur einen Ort, an dem du etwas verändern und verbessern kannst. Das ist in dir selber.

Es gibt sehr viele verschiedene Möglichkeiten und Methoden, um etwas in dir zu verändern und zu heilen. Eine dieser Methoden, die du gut selber anwenden kannst, ist die Verzeihungs- und Lösungsarbeit nach Dr. Len. Ich habe gelesen, dass er von 1983 bis 1987 im Auftrag des Hawaii State Hospital in Kaneohe gearbeitet hatte. Nach eineinhalb Jahren gab es keine separierten oder fixierten Patienten mehr in der psychiatrischen Abteilung für geistesgestörte Kriminelle. Nach gut drei Jahren waren alle Insassen aus der Haft und Psychiatrie entlassen und die Einrichtung wurde nach und nach aufgelöst. Was geschah aber dort? Offenbar hat Dr. Len diese Verzeihungs- und Lösungsarbeit tagtäglich angewendet. Er tat dies im Bewusstsein, dass wir nicht voneinander getrennte Wesen, sondern dass wir eine einzige universelle Energie sind. So war für ihn klar, dass alles, was diese Menschen durchmachen und gelebt haben, auch ein Teil von ihm selbst war. Er übernahm zu 100 % die Verantwortung dafür, dass dieser Zustand, den er im Außen wahrnahm, in seinem Bewusstsein war und nur dort geheilt werden konnte. Dies tat er ausführlich. Er heilte den Teil in sich, den er als Spiegel seines Selbst erkannte. Vielleicht auch im Bewusstsein, dass wir schon *alles* waren, in all unseren Inkarnationen. Auf jeden Fall habe auch ich, in diesem Bewusstsein, diese Arbeit gemacht.

Dazu gehören die folgenden vier Sätze:

Es tut mir leid – in mir
Ich verzeihe dir – in mir
Ich liebe dich – in mir
Danke

Egal, was du im Außen erfährst, das dich emotional verletzt, du hast die Möglichkeit, es zu heilen. Auch wenn ich mich wiederhole, alles im Leben widerspiegelt dir deine Innenwelt. Wenn du eine seelische Verletzung erfährst, bist du mit etwas in Resonanz getreten, das in dir ist. Konflikte in dir, die Trauer, Wut und Angst auslösen, können sehr leicht geheilt werden, wenn du die Verantwortung für deine Gefühle übernimmst.

Diese Verzeihungs- und Lösungsarbeit ist einfach eine weitere Möglichkeit, Verletzungen zu heilen.

Es tut mir leid – in mir: dass ich in Resonanz zu diesem …(Problem) bin.

Ich verzeihe dir – in mir: ich vergebe mir, ich vergebe dir, ich schließe mit der ganzen Situation Frieden.

Ich liebe dich – in mir: ich nehme diesen Anteil liebevoll in mir an und fühle Liebe in mir für mich und für mein Gegenüber.

Danke: danke für das große Wunder der Heilung, das nun geschieht.

Schau danach nicht mehr zurück. Erlaube, dass die Heilung geschieht und wirkt.

Ich selber habe es immer auf diese Art angewendet. Es gibt da sicher verschiedene Möglichkeiten der Anwendung. Mir selber hat diese sehr geholfen. Geholfen, ein Stück freier und heiler zu werden und einen Schritt weiter zu gehen, zu der Liebe und dem Licht in mir.

Probiere es aus, wenn es dich anspricht. Man kann dabei nichts falsch machen. Du kannst mit dieser Methode auch wieder ein Stück mehr in die Eigenverantwortung kommen.

Aus Dankbarkeit wird Frieden

Bewusst dankbar zu sein, ist eine weitere starke Kraft, um dein Leben positiv zu verändern. Sie ist so machtvoll, dass allein schon bewusst gelebte Dankbarkeit dein Leben in eine ganz neue Richtung lenken kann.

Viele Menschen sind sich gar nicht bewusst, welchen Reichtum sie besitzen. Alleine schon die Tatsache, dass du das große Abenteuer Mensch-Sein erleben darfst, ist ein unglaublich großes Geschenk, für das du dankbar sein kannst. Für diejenigen, die das Leben nicht als Geschenk empfinden können, sei an dieser Stelle noch einmal gesagt, ihr, das heißt eure Seele, hat es sich so sehr gewünscht, im Mensch-Sein zu inkarnieren. Und ihr bekamt den Vortritt, um hierher zu kommen. Denn, so wie ich einmal gehört habe, gibt es sehr viele Seelen, die gerne inkarnieren möchten, es aber nicht für alle Platz hat. Deshalb ist die Tatsache, dass du hier bist, schon ein großes Geschenk.

Deine Lebensumstände und das Gefühl der Lebensfreude kannst du mit der gefühlten Dankbarkeit mit Leichtigkeit verändern. Es liegt auch bei diesem Thema wieder allein an deinen Entscheidungen, die du im Hier und Jetzt triffst.

Also, schon die Tatsache, dass du hier bist, ist ein Grund zum Feiern und tiefe Dankbarkeit zu empfinden. Als nächstes könntest du einmal dein Wunderwerk Körper studieren und dir überlegen, was daran so einzigartig ist, dass du dankbar dafür sein darfst. Er ist wirklich ein absolutes Wunder. All die Funktionen, die er völlig ohne deine bewusste Aufmerksamkeit verrichtet, sind absolut genial. Viele merken erst, wenn der Körper da und dort nicht mehr so reibungslos funktioniert, dass man ihm vielleicht doch mehr liebevolle Beachtung schenken und sich gut um ihn kümmern sollte.

Es gibt Menschen, die kommen mit starken körperlichen Behinderungen auf die Welt und einige strotzen nur so vor Dankbarkeit und Lebensfreude. Einer, den du vielleicht kennen, oder von dem du schon gehört haben könntest, heißt Nicholas Vujicic. Er kam ohne Arme und Beine auf die Welt. Seine Energie und seine unbändige Lebensfreude angesichts seiner starken körperlichen Behinderung, sind wirklich großartig. Er hätte guten Grund gehabt, sich sein Leben lang zu beklagen. Sicherlich brauchte er seine Zeit, um sich im Leben mit einer solchen Behinderung zurechtzufinden und sich seiner inneren wahren Kraft bewusst zu werden. Doch es ist ihm gelungen und er inspiriert heute viele tausend, ja sogar Millionen Menschen! Als er seine innere Einstellung gegenüber seiner körperlichen Behinderung geändert hatte, fand er über den Glauben einen Weg, seine fehlenden Arme und Beine nicht mehr als Strafe zu sehen. Nun inspiriert und bestärkt er viele, ihre Träume zu leben und verbreitet mit seinem Spirit Hoffnung und Lebensmut.

Also, betrachte erst einmal das Naheliegendste, deinen Körper, und überlege dir, wofür du dankbar sein kannst. Vielleicht schreibst du es dir auf, damit du es schwarz auf weiß siehst. Wenn du lernst, wahrhaftig dankbar zu sein für alles, zieht es deine Gedanken weg vom vermeintlichen Mangel, den du glaubst zu haben.

Ich habe einmal von einem Mann gelesen, der durch einen Unfall querschnittgelähmt wurde. Nachdem er sich vom ersten Schock erholt hatte, fällte er eine Entscheidung. Er wollte sich von der Tatsache, dass er nie wieder gehen konnte, nicht unter kriegen lassen. Und so entschied er sich, eine Liste zu schreiben, mit all den Sachen, die er trotz Querschnittlähmung noch machen konnte. Auf der einen Seite schrieb er **alles** auf, was er noch imstande war, zu tun und auf der anderen Seite das, was ihm für immer unmöglich sein wird. Schlussendlich war die Seite mit den Sachen, die er noch tun konnte, wesentlich länger als die andere. Tatsächlich sah er, dass es eigentlich gar nicht so viel war, das er nicht mehr machen konnte. Dann hatte er für sich entschieden, dass ihm sein Leben noch so unendlich viel gibt, was er tun und genießen konnte, wofür er große Dankbarkeit empfand. So machte er aus allem das Beste, genoss sein Leben und fühlte große Lebensfreude durch seine bewusste Entscheidung.

Der Unterschied, warum die einen Menschen an ihrem Schicksal zerbrechen und andere trotzdem glücklich weiterleben können, liegt darin, dass sie gelernt haben, dankbar ihren Blick auf die Fülle und den Reichtum zu lenken und nicht auf den Mangel. Wenn du den Blick auf deinen Mangel lenkst, zieht dich das unweigerlich runter.

Entscheidest du dich aber jeden Tag bewusst, deine Aufmerksamkeit auf all das, was du tun kannst und all das, was du hast, zu lenken, fühlt sich das stärkend an. Denke immer daran, das Leben richtet sich nach deiner Aufmerksamkeit. Gefühle von Reichtum und Fülle ziehen automatisch noch mehr Reichtum und Fülle an.

Erfahrungen mit Sterbenden, die mich mit Dankbarkeit erfüllten

Ich arbeitete viele Jahre mit betagten, kranken und sterbenden Menschen. Dort beobachtete ich, dass es Menschen gab, die mit ihren Altersgebrechen haderten und stets mürrisch und unzufrieden waren, selbst wenn sie mal einen guten Tag hatten. Andere waren trotz ihrer Gebrechen zufrieden und dankbar. Sie verbrachten die letzte Zeit ihres Lebens würdevoll und freundlich.

Die unzufriedenen Menschen beklagten sich einfach über alles. Es konnte ihnen nichts recht gemacht werden. Sie verteidigten ihre schlechte Laune damit, dass es ihnen doch sooo schlecht gehe. Ich führte ihnen dann gerne vor Augen, dass sie hier in der Schweiz auch große Dankbarkeit empfinden könnten. Denn, obwohl sie alt und krank waren, werden sie liebevoll gepflegt. Sie haben Medikamente, die das Leiden verringern und es wird für sie unglaublich viel gemacht, damit sie eine würdevolle letzte

Lebenszeit haben. Ich denke, dass sie sich besser gefühlt und weniger Beschwerden gehabt hätten, wenn sie Dankbarkeit hätten fühlen können. Aber, wenn sie es das ganze Leben lang nicht gelernt hatten, so lernten sie es auch nicht mehr im Alter.

Ich bin sehr dankbar dafür, dass ich auch vielen Menschen begegnen durfte, die eine sehr große und tiefe Dankbarkeit für ihr Leben und ihr Sein empfanden und das trotz der Schmerzen und trotz des Schwindens ihrer Lebenskraft. Ich denke auch heute noch gerne an diese Menschen zurück, sie wirkten sehr würdevoll und erhaben. Und die Liebe und Dankbarkeit, die aus ihren Augen strahlte, war wunderschön. Auch ihr Sterben lief oft viel ruhiger und harmonischer ab, weil sie das Leben so annehmen und würdigen konnten, wie es war.

Menschen im Sterben zu begleiten, kann eine wunderschöne Erfahrung sein. Eine meiner ersten bewussten Erfahrungen liegt schon viele Jahre zurück. Damals arbeitete ich noch nicht so lange im Pflegeberuf. Die Frau, die wir im Sterbeprozess begleiteten, würde ich jetzt allerdings nicht gerade als liebevoll bezeichnen. Sie war eher eine Tyrannin, die uns Pflegenden das Leben schwer machte.

Nun lag diese Frau im Sterben und dieser Prozess war für sie gar nicht einfach. Sie war schon seit längerer Zeit nicht mehr bei Bewusstsein, doch konnte ich gut erkennen, dass sie einen inneren Kampf ausfocht. Sie konnte nur sehr schwer loslassen, vielleicht hatte sie Angst, dass die „Hölle" (die nicht existiert) auf sie wartete. Und dann, eines Tages, als ich gerade ein wenig bei ihr saß, geschah etwas, das mich in meinen noch jungen Jahren sehr beeindruckte. Plötzlich fing sie an, mit geschlossenen Augen über das ganze Gesicht zu strahlen. So glücklich hatte ich sie nie erlebt. Großer Frieden breitete sich im Zimmer aus. Sie strahlte, hob ihre Hände in die Luft und dann hörte ich sie deutlich sagen: „Ich komme." Im nächsten Augenblick hatte ihre Seele den Körper verlassen. So konnte diese Frau noch im letzten Augenblick ihres physischen Lebens Frieden und Liebe finden.

Durch meine Hellsichtigkeit konnte ich bei vielen Patienten beobachten, was in den letzten Tagen und Stunden auf der feinstofflichen Ebene vor sich ging. Ausnahmslos immer waren viele lichtvolle Wesen im Raum. Sie warteten ruhig und geduldig, bis die Seele des Menschen über das Scheitelchakra zurück in die geistige Welt floss. Es war immer eine Atmosphäre des Friedens und der bedingungslosen Liebe. Egal, wie der Mensch zu Lebzeiten war, und egal, wie sehr er sich vor dem Sterben fürchtete.

Einmal, als ich ein Zimmer betrat, in dem ein Patient lag, der offensichtlich nicht mehr lange zu leben hatte, war ich erstaunt, dass der ganze Raum gefüllt war mit sehr vielen Geistwesen. Ich konnte unter anderem seine Frau erkennen, die schon Jahre zuvor in die geistige Welt zurückgegangen war. Die Liebe zu spüren, die sich in so einem Zimmer ausbreitet, kann man kaum mit Worten beschreiben.

Ich betrat das Zimmer, um nach dem Patienten zu sehen und da war es noch voll mit Geistwesen, und als ich kurz danach das Zimmer erneut betrat, um eine schmerzstillende Spritze zu verabreichen, war der Raum leer. Ohne dass ich bis zum Bett sehen konnte, wusste ich, dass er gegangen war. Sie haben alle auf ihn gewartet, ihn willkommen geheißen und ihn mitgenommen in die Unendlichkeit des Seins.

Ein anderes Mal lag eine Frau im Sterben. Ich mochte sie sehr, denn sie war ein herzensguter Mensch. Doch aus irgendeinem Grund konnte sie einfach nicht sterben. Sie lag schon viele Tage ohne Bewusstsein und mit einer Schnappatmung, die oft kurz vor dem Sterben einsetzt, im Bett. Was hinderte sie bloß daran, zu gehen? Unsere Heimleiterin versicherte mir, dass sich schon alle von ihr verabschiedet hätten. Das zumindest habe ihr der Sohn der Patientin gesagt. Als dieser die Mutter besuchte, fragte ich noch einmal nach. Haben sich denn wirklich alle Familienmitglieder verabschiedet? Na ja, meinte er, alle außer meiner Schwester.

Sie hatte offenbar keine gute Beziehung zur Mutter und ließ sich nicht blicken. Sie nahm auch kein Telefon ihres Bruders entgegen. Daraufhin versuchte ich, sie zu erreichen. Wie erwartet, nahm sie das Telefon nicht ab. Aber ich konnte ihr eine Nachricht hinterlassen. Ich erklärte ihr, dass ihre Mutter offensichtlich nicht gehen konnte, ohne dass sie sich von ihrer Tochter verabschiedet hat. Ich bat sie von Herzen, doch vorbeizukommen, Frieden zu schließen und ihrer Mutter adieu zu sagen. Offenbar tauchte sie am nächsten Tag auf und ich war froh, dass sie meine Worte ins Heim führten. Kurz nach dem Besuch der Tochter konnte die Patientin endlich loslassen und zurückkehren in die geistige Welt.

Oft fällt es Menschen schwer zu sterben, wenn noch Zwietracht in den Familien herrscht. Deshalb ist es wichtig, zu versuchen, in Frieden mit allen zu sein.

Die letzte Geschichte: Ich durfte eine weitere Bewohnerin in einem Heim in ihrer Zeit des Abschieds begleiten. Sie war ein unglaublich lieber Mensch. Zirka zwei Wochen bevor sie starb, schrieb ich ihre Biographie und lernte sie dadurch noch besser kennen.

Sie war zu diesem Zeitpunkt noch sehr selbständig und brauchte von uns kaum Hilfe. Doch eines Tages verschlechterte sich ihr Gesundheitszustand drastisch, so dass man damit rechnen musste, dass sie bald sterben würde. Wir benachrichtigen ihre Tochter. Sie kam und blieb bei ihrer Mutter, um ihr in dieser Zeit nahe zu sein. Wir stellten ihr ein Feldbett ins Zimmer, damit sie sie in ihren letzten Tagen und Stunden betreuen und begleiten konnte.

Offensichtlich kannte unsere Bewohnerin sehr viele Menschen und ihre Tochter benachrichtige alle, damit sie die Möglichkeit hatten, sich von ihr zu verabschieden. So etwas hatte ich noch nie erlebt. Es ging zu wie in einem Taubenschlag. So viele Menschen gingen ein und aus, um sie ein letztes Mal zu sehen und noch ein letztes Gespräch mit ihr zu führen. Zuerst dachte ich, dass die Sterbende doch ihre Ruhe braucht. Dann merkte ich aber, dass es eine so schöne, liebevolle und friedvolle Energie war, dass es mich sehr beeindruckte und berührte. Von jedem verabschiedete sie sich bewusst und liebevoll.

Und wenn ich auch durch unsere Gespräche wusste, dass sie ein wenig Angst vor dem Sterben hatte, meisterte sie diese Zeit sehr würdevoll. Und schon als ihre Atmung längere Zeit aussetzte und wir jeden Moment mit dem Tod rechneten, konnte sie im nächsten Moment wieder voll da sein, um sich von ihren Lieben zu verabschieden. Am letzten Tag, bevor sie starb, kam ihre Enkelin. Blitzartig wurde die Bewohnerin wach und fragte sie, mit absolut klarem Verstand, wie ihre Reise war. Offenbar war sie gerade von einer längeren Reise durch die Welt zurückgekommen und die Sterbende wollte wissen, ob es ihr denn auch gefallen hat. Sie war in absoluter Klarheit, voll und ganz im Hier und Jetzt. Sie lebte ihre letzten Tage und Stunden sehr bewusst und mit großer Würde.

So etwas hatte ich wirklich noch nie erlebt. In der gleichen Nacht, nachdem ihre Enkelin auf Besuch war, konnte sich ihre Seele vom Körper lösen, um ihre Reise in der geistigen Welt fortzusetzen.

Warum ich das alles erzähle? Weil sie mir allesamt große Lehrer waren und ich sehr tiefe Dankbarkeit empfinde, dass ich sie alle kennenlernen und auf einem kleinen Stück ihres Weges begleiten durfte. Ich habe durch sie alle viel erfahren und gelernt. Meine Einstellung zum Leben und zum Tod hat sich dadurch sehr verändert. Zu sehen, dass wir immer von der anderen Seite liebevoll erwartet werden, hat mich sehr beeindruckt und löste auch Frieden und Dankbarkeit in mir aus.

Vielleicht hilft es auch dir, das Leben mit anderen Augen zu sehen und Dankbarkeit für das Leben im physischen Körper, wie auch auf der feinstofflichen Ebene zu empfinden.

Meine tierischen Begleiter

Schon mein ganzes Leben lang hatte ich das Glück, tierische Begleiter an meiner Seite zu haben. Auch Tiere können uns auf unserem Weg zu unserer inneren Mitte, zu unserem inneren Licht unterstützen. In unserer Großfamilie hatten wir alles Mögliche an Tieren, wie Hühner, Kaninchen, Meerschweinchen, Fische, Chinchillas, Katzen und einen Hund. Das Leben ganz ohne Haustiere kann ich mir nicht vorstellen.

Ich durfte viele schöne Erfahrungen mit ihnen machen und auch mit ihnen wachsen. Als ich selber erwachsen war und in einem kleinen Häuschen wohnte, legten mein damaliger Mann und ich uns eine Hauskatze zu. Ein Meerschweinchen, unseren lieben Strupi, hatten wir schon. Unsere Katze Phönix gab mir immer das Gefühl von Ruhe und Frieden. Sie versorgte mich während meiner Schwangerschaft auch hervorragend mit Tieren, die sie gefangen hatte, um sicher zu stellen, dass ich auch genug zu Essen habe ;-) Als unsere Tochter auf die Welt kam, war sich Phönix vermutlich nicht ganz sicher, ob ich genug Milch für mein Kind zur Verfügung habe. So brachte sie fleißig Mäuse, Blindschleichen und Frösche nach Hause. Zum Glück konnte ich viele davon retten und wieder in die Natur zurückbringen.

Als Phönix schon ziemlich alt war, begann ich mit Tieren zu kommunizieren. Wie sie dann mit 14 Jahren krank wurde, wollte ich mit ihr zum Tierarzt. Doch sie versicherte mir, dass das nicht nötig sei. Sie wolle so sterben, wie sie gelebt hatte. Würdevoll und selbst bestimmend. In ihren letzten Stunden lag sie bei uns zu Hause im Korridor, der Atem fiel ihr schwer. Für mich war es sehr schwierig, ihren Zustand zu akzeptieren und nichts für sie tun zu können. Aber als ich ganz still bei ihr saß, sah ich wunderschöne Lichtwesen um sie herum, die sie in ihrem Sterbeprozess begleiteten. Dies zu sehen, gab mir viel Trost. Für ein Wesen, das im Sterben liegt, ob Mensch oder Tier, ist das Empfinden oft nicht so dramatisch wie es für Außenstehende aussieht.

Ich spürte, dass es Phönix trotz der Atemschwierigkeiten gut geht und dass sie sich innerlich nicht gestresst fühlte. Sie nahm den Sterbeprozess gelassen hin.

Nachdem sie so längere Zeit in meiner Nähe lag, stand sie auf und lief ganz langsam durch das Wohnzimmer. Sie musste sich ein paar Mal hinsetzen, weil sie nicht mehr so gut atmen konnte. Danach wollte sie das Haus verlassen. Ich wusste, dass nun die Zeit für sie gekommen ist. Mit ihrer letzten Kraft lief sie durch den kleinen Garten über eine kleine Straße und legte sich ins hohe Gras.

Als ich gleich darauf zu ihr lief, hatte sie ihren Körper bereits verlassen.

Katzen verlassen, wenn sie können, gerne das Zuhause, damit sie es nicht verunreinigen. So starb Phönix sehr würdevoll und harmonisch. Ich bin ihr für die Zeit, die sie an meiner Seite war, sehr dankbar.

Nach ihrem Tod wollte nun unsere Tochter endlich einen Hund, da ihr Vater dies versprochen hatte. Eigentlich wollten wir, das heißt, meine Tochter und ich, schon lange einen Hund. Nun war die Zeit dafür gekommen.

Nach einigen Wochen kam unser australischer Terrier Jacky Gino in unsere Familie. Ein kleiner lustiger Wirbelwind. Natürlich hatten wir auch wieder eine neue Katze, da unser Sohn ein unglaublicher Katzenliebhaber ist und alle SchmusekaterBüsi anzieht. Er kommt kaum an einer Katze vorbei, ohne sie zu streicheln. Leider blieb die getigerte Kyra nur zwei Jahre bei uns. Eines Tages ist sie nicht mehr nach Hause gekommen. Vermutlich erwischte sie ein Fuchs, das war zumindest mein inneres Gefühl.

Danach kam der schwarz-weiße Gaio zu uns. Er war schnell ein Herz und eine Seele mit Jacky. Die beiden wurden sehr gute Freunde. Leider blieb auch Gaio nicht lange bei uns. Eines Tages, als er nicht nach Hause gekommen war, rief ich ihn in Gedanken. Er versicherte mir, dass es ihm gut geht. Doch was er als „es geht mir gut" meinte, erkannte ich erst, als ich ihn am Nachmittag Tod am Straßenrand fand. Tränenüberströmt trug ich ihn nach Hause. Mir liegen meine Tiere immer sehr am Herzen und wenn eines stirbt, bin ich ab dem Verlust sehr traurig. Als ich nun mit Gaio zu Hause war, spürte ich, wie er mir als Seelenwesen um die Beine strich. Er sprach beruhigend zu mir. Ich war auch ein bisschen wütend, da er mir den ganzen Tag lang versicherte, dass es ihm gut gehe. Er meinte zu mir: „Schau, es geht mir wirklich wundervoll. Ich habe meinen Körper verlassen, bevor das Auto ihn erfasste. Ich habe keinen Schmerz empfunden. Meine Seele fühlt sich frei. Du musst verstehen, dass Tiere wie Menschen zurück in die geistige Welt gehen, wenn es Zeit für sie ist. Lass deinen Schmerz los und freue dich für mich. Ich werde immer in Liebe mit euch verbunden sein." Ja, der kleine Gaio war mir ein guter Lehrer und ich bin ihm für diese Lektion sehr dankbar.

Zwei Katzen musste ich in kurzer Zeit loslassen. Deshalb wollte ich keine mehr. Doch nach zirka einem halben Jahr hörte ich meine innere Stimme immer wieder zu mir sagen, dass eine neue Katze auf dem Weg zu mir sei. Lange Zeit wollte ich das nicht hören. Es war für mich einfach zu schmerzlich, ein Tier gehen zu lassen. Nachdem meine innere Stimme mehrere Wochen lang keine Ruhe gab, stimmte ich dann doch zu, dass ich wieder eine Katze bei uns aufnehmen werde. Kurze Zeit später berichtete meine Schwester Martina, dass ihre Luna trächtig sei. Ich wusste sofort, dass mein neuer Tierbegleiter eines dieser Jungen sein wird. Von meiner Familie wusste niemand, dass wieder eine neue Katze auf dem Weg zu uns war. Auch meiner Schwester sagte ich vorerst noch nichts davon, sondern nur, dass sie mir Bescheid geben soll, wenn es soweit ist. Sie telefonierte dann einige Wochen später, um die Ankunft der Jungen bekannt zu geben. Sie erzählte mir, wie eines nach dem anderen das Licht der Welt erblickte und welche Farbe sie hatten. Schon während dem Erzählen wusste ich intuitiv, welche Katze für mich bestimmt war. Der kleine Chayenne war lange Zeit der Kleinste der sechs Jungen. Er wollte einfach kein Katzenfutter essen. Als ich ihn nach dem Grund fragte, meinte er, dass er das noch ein ganzes Leben lang machen könne, aber Muttermilch bekomme er nur noch für kurze Zeit und deshalb genieße er das so lange wie möglich. Als er alt genug war, um ihn nach Hause zu nehmen, holte ich ihn bei meiner Schwester ab. Wir redeten miteinander und tranken noch einen Kaffee. Den Transportkorb stellte ich auf einen Tisch. Wie wir so da saßen, beobachtete ich Chayenne. Er ging zu seiner Mutter, ließ sich von ihr lecken, als würde er sich von ihr verabschieden. Danach sprang er auf den Tisch, setzte sich in den offenen Transportkorb und fing an, sein Fell zu säubern. Danach saß er da, schaute mich an und meinte, dass er bereit sei zu gehen. Auf der langen Autofahrt hörte ich ihn nie Miauen. Zu Hause angekommen legte ich ihn auf den Katzenbaum, damit er das Haus von dort aus erkunden konnte. Er aber legte sich einfach hin und schlief die nächsten zwei Stunden. Obwohl unser Hund Jacky ihn begrüßen wollte, ließ er sich nicht aus der Ruhe bringen. Bis am Abend waren Jacky und Chayenne bereits schon gute Freunde und lagen nah beieinander auf dem Sofa.

Über ein halbes Jahr später, als ich Chayenne beim Durchqueren des Wohnzimmers betrachtete, erkannte ich, wer er ist. Ich rief laut: „Du meine liebe Zeit, du bist ja Phönix!" Er drehte sich um und sagte: „Da hast du jetzt aber lange gebraucht, bis du mich erkannt hast." Inzwischen ist aus Chayenne ein wunderschöner großer rothaariger Halbangora-Kater geworden. Er ist 15 Jahre alt und noch voller Lebensfreude, doch wie ich meine, nicht mehr ganz gesund, will aber nicht zum Arzt. Dies respektiere ich auch bei ihm. In all den Jahren, wenn er durch Kämpfe mit anderen Katzen eine Verletzung hatte, konnte er mir immer genau sagen, welche Hilfe er von mir wünschte. Er sagte mir, wie viele energetische Behandlungen er in welchem Zeitraum braucht, um wieder gesund zu werden. Ich habe ihm dann so viele wie er benötigt gegeben und es war immer so, dass er nachher gesund war. Deshalb vertraue ich ihm auch jetzt. Er würde mir sagen, wenn ich diesbezüglich etwas für ihn tun soll.

Nun zurück zu unserem Jacky. Er war meine große Hundeliebe. Allerdings hatte ich bei ihm manchmal das Gefühl, dass ich mit ihm nicht auf dieselbe Weise kommunizieren konnte wie mit den Katzen. Doch eine Tierkommunikatorin, die ich bei kniffligen Fragen, das heißt, wenn ich emotional zu sehr involviert war, beigezogen hatte, meinte immer, dass wir eine sehr klare Verbindung zueinander hätten. Jacky war ein wundervoller Hund und ich dachte, dass er sicher mindestens 15 Jahre bei mir bleiben würde. Auf jeden Fall hatte ich das gehofft. Als er aber kaum 10 Jahre alt war, erblindete er. Er kam damit gar nicht gut zurecht. Es gibt viele Hunde, die erblinden und haben trotzdem noch viele Jahre ein erfülltes Leben. Doch Jacky hatte andere Pläne. Er wollte nicht, dass ich ihm helfe. Seine Zeit zum Gehen sei gekommen. Es war offenbar nie geplant gewesen, dass er 15 Jahre bei mir bleiben würde. Ich war unglaublich traurig, dass er mich verlassen wollte. Jacky versicherte mir, dass alles gut ist, so wie es ist und dass er mir ein Zeichen geben werde, wenn die Zeit gekommen ist, und der Tierarzt ihm beim Übergang helfen soll. Er würde bis zum letzten Augenblick fressen, meinte er. Kurze Zeit später spürte ich, dass der Zeitpunkt da war, um mit ihm seinen letzten Spaziergang zu machen.

Was ich dann bei seinem Übergang erlebte, war für mich ganz neu. Am Tag seines Todes schaute ich ihn an und sah neben ihm eine Gestalt. Doch es war kein Engel. Ich hatte vorher noch nie ein solches Wesen gesehen. Auf meine Frage, wer er sei, bekam ich keine Antwort. Diese Tatsache verunsicherte mich. Aber ich sah auch, dass die Anwesenheit dieses Wesens für Jacky total okay war. Der Termin rückte näher, und meine Tochter und ich gingen mit Jacky zum Tierarzt. Nicht ein einziges Mal lief er freiwillig durch die Türe der Klinik hinein. Doch an diesem Tag lief er völlig relaxt hinein und war überhaupt nicht nervös oder ängstlich. Er aß auch nie etwas beim Tierarzt, dazu hatte er sonst immer viel zu viel Stress. Aber tatsächlich fraß er dieses Mal bis zur letzten Minute die Guetzli, die ihm der Tierarzt vorgelegt hatte. Mit seiner ganzen Art wollte er uns zeigen, dass es okay ist, ihn jetzt gehen zu lassen.

Als er die letzte Spritze bekam bat ich den Arzt, uns alleine zu lassen. Ich verband mich mit Jackys Seele, weil ich sichergehen wollte, dass er gut in der geistigen Welt angekommen ist. Das was ich dann sah, verstand ich zuerst gar nicht. Denn ich sah nun mehrere von diesen Wesen. Sie bildeten eine Art Wand und die Tierseele von Jacky sah ich als goldene Lichtkugel. Als ich ihn fragte, was hier vor sich geht, meinte er: „Schau genau hin." Das tat ich dann auch. Und plötzlich war alles völlig klar. Jacky war keine gewöhnliche Tierseele, die mich durch eine wichtige Lebenszeit begleitete. Er war eine Engelsseele. Die Wesen waren da, um diesen Übergang zu beschützen. Die starke und überaus liebevolle Energie bei diesem Prozess zu spüren, gab mir viel Trost. Es half mir, meinen geliebten Hund besser loszulassen.

Wer als tierischer Begleiter zu uns kommt, wissen wir meistens nicht. Im Verhalten der Tiere und in ihren Augen können wir manchmal erahnen, dass es besondere Begleiter sind, die mit uns ein Stück unseres Weges gehen.

Bei Phönix und bei Chayenne weiß ich längst, dass sie ein Teil meines Krafttieres sind. Auch diese Energien können uns manchmal begleiten, um uns Kraft und Liebe zu geben. Mein Krafttier ist ein Adler. Aber da er nicht gut als Adler in physischer Gestalt bei mir sein kann, hat er sich entschieden, mich als Katze zu begleiten.

Manchmal sind unsere tierischen Begleiter nicht lange an unserer Seite. Oft kommen sie, um uns in einem vielleicht schweren Lebensabschnitt zu begleiten. Manchmal aber auch, um einfach liebevoll an unserer Seite und uns Lehrer und Wegbegleiter zu sein.

Es ist wichtig, dass wir unsere Tiere lieben, achten und respektieren, denn sie kommen aus Liebe zu uns. Sei dankbar für ihre Begleitung und genieße die Zeit mit ihnen.

Hände weg von Drogen
Glücklich machen sie dich bestimmt nicht

Nun ein ganz anders Thema. Unsere „lieben" Süchte sagen viel über uns aus. Es gilt, den Grund der Sucht zu verstehen und sich davon zu befreien.

Wenn ein Mensch in seiner Sucht gefangen ist, dann ist er sehr unfrei. Es gibt sehr viele verschiedene Süchte. Nicht jede ist im gleichen Masse zerstörerisch. Aber alle zeigen dir, dass du nicht frei bist, dass du dein Potenzial nicht lebst und vor allem, dass du dich nicht wirklich liebst.

Es gibt die Sucht nach Medikamenten, nach Kokain, nach Cannabis, nach Nikotin, nach Zucker und ungesunden sowie zu viel an Nahrungsmitteln. Aber auch Sucht nach Arbeit und Ablenkung, nach Liebe und Anerkennung oder nach Adrenalin und anderem.

Eine Sucht zeigt immer, dass der Mensch etwas sucht und da er es in sich selbst nicht gefunden hat, versucht er, es mit einer Sucht zu kompensieren. Was er dabei sucht, ist immer sich selber. Sein wahres ICH und die Liebe zu sich selbst. Da er nicht gelernt hat, sich voll und ganz anzunehmen und zu lieben, und dies unweigerlich einen tiefen Schmerz und Leere hinterlässt, muss er es mit einer Droge stillen und ausfüllen. Doch es wird ihn nie befriedigen. Er wird damit diese Leere nie füllen können. Krankheiten können und werden in der Regel die Folgen davon sein. Dadurch fühlt sich der Mensch noch schlechter und versucht, es mit noch mehr und oft noch stärkeren Drogen zu kompensieren und zu stillen. Ein wahrhafter Teufelskreis. Daraus ausbrechen kann er nur, wenn er das wirklich will und die zugrunde liegende Problematik erkennt, transformiert und heilt. Das braucht sehr viel Mut und einen starken Willen. Manchmal braucht es auch Hilfe von außen. Je nachdem, wie intensiv die Droge konsumiert und gebraucht wird. Aber eines braucht es vor allem. Eine klare, tiefe und starke, innere Entscheidung! Ohne die geht es nicht! Wenn nicht ein wirklich tiefer Wunsch besteht und die Einsicht, dass nur der Mensch selbst etwas verändern kann, wird Heilung nicht möglich sein. Es darf Hilfe angenommen werden und dies ist oft unerlässlich. Doch die äußere Hilfe alleine ist nur ein kleiner Teil, der zur Heilung beitragen kann. Der wirklich wichtige Teil liegt bei dem, der einer Droge verfallen ist. Er muss es wirklich wollen und die klare Entscheidung zur Heilung fällen.

Im Laufe meines Lebens habe ich verschiedene Menschen kennengelernt, die von irgendwas abhängig waren. Ich nehme mich da nicht aus. Bei mir war es der weiße Zucker und für ein paar Jahre das Nikotin. Da es mein tiefer Wunsch war, wirklich frei zu sein, ohne Abhängigkeiten und Zwang, etwas unbedingt haben zu müssen, das mir ein vermeintlich gutes Gefühl gibt, war der Entscheid, dies zu ändern, sehr klar da. Das Nikotin ist schon seit über dreißig Jahren kein Thema mehr. Beim Zucker muss ich mich immer wieder selber reflektieren und aufpassen, dass es nicht plötzlich zu viel des Süßen wird. Aber ich bin auf einem sehr guten Weg und liebe mich zu sehr, als dass ich mir damit schade. Einmal in der Woche etwas kleines Süßes verkraftet der Körper mit Leichtigkeit.

Es gibt sehr verschiedene Auswirkungen der Drogen auf unseren Körper, Geist und Seele. Da ich selber darin keine Expertin bin, kann ich nur davon berichten, was ich in meinem Leben und in meiner Praxis kennengelernt habe.

Zwei Geschichten aus meiner Praxis:

Da war eine junge Frau, nennen wir sie Karin. Sie hatte das Gefühl, nicht zu genügen. So spornte sich Karin stets zu Höchstleistungen an. Egal, ob in der Schule oder später in der Ausbildung und dem Studium, immer war sie darauf bedacht, gute Noten zu schreiben. Sie brauchte die Anerkennung, um sich gut und geliebt zu fühlen. So entstand in ihr ein immer stärkerer Druck. Eines Tages brach sie zusammen und war zu nichts mehr fähig. Burnout war die Diagnose. Sie entwickelte Phobien und Panikattacke.

Das ging so weit, dass sie zum Beispiel nicht mehr in einem Auto sitzen oder nicht mehr mit dem Zug reisen konnte. Körper und Seele machen irgendwann nicht mehr mit, wenn sie permanent übergangen und überfordert werden.

Es sieht für mich so aus, dass in der heutigen Zeit, in der immer größeres Erwachen stattfindet, Körper und Seele immer früher eine unmissverständliche Botschaft schicken, so dass ein anderer Weg eingeschlagen werden muss. Es ist wichtig, dass man dann innehält und sein Leben reflektiert. Sonst ist die Gefahr groß, durch die Schulmedizin mit Medikamenten ruhiggestellt zu werden und dadurch die Zeichen, die wir erhalten, unterdrückt werden. Vielleicht würde dich ja die nächste Botschaft, die dir dein Körper schickt, noch härter treffen. Wir reagieren eigentlich immer mit unserem Körper oder mit unseren Emotionen auf Disharmonie in uns selbst. Der Körper und dessen Symptome sind die Sprachrohre unserer Seele. Sie möchten immer das Beste für dich und zeigen dir mit Symptomen, wo etwas in Disharmonie geraten ist.

Zurück zu Karin. Sie ist zu mir in die Praxis gekommen. Zuvor hatte sie schon Hilfe von einer Psychologin und einer Kinesiologin angenommen. Doch sie konnte damit nicht alle Symptome heilen, die sie durch das Burnout hatte. Mit meiner Hellsichtigkeit und den energetischen Behandlungen konnten wir die tiefere Ursache finden und heilen. So verschwanden die Symptome des Burnouts und Karin konnte ein glückliches Leben weiterführen. Sie lernte, besser auf sich zu hören und legte Pausen ein, wenn es nötig war, um sich nicht mehr zu überfordern. Heute ist sie eine in sich angekommene, wundervolle, von innen heraus strahlende Frau.

Ich möchte in diesem Zusammenhang noch eine andere Geschichte aus meiner Praxis erzählen. Sie geht um einen jungen Mann, der gekifft hatte. Kiffen kann auch extrem viel Unangenehmes in ein Leben bringen. Nicht nur, dass es sehr ungesund für die Lungen, das Gehirn und den ganzen Körper ist, es kann auch für den Energiekörper sehr einschneidend sein.

Ein junger Mann, nennen wir ihn Rolf, kam in meine Praxis, weil es ihm emotional nicht so gut ging. Er war offenbar ein regelmäßiger „Kiffer" und er wünschte eine Behandlung von mir …

Nun bereite ich mich vor einer Behandlung immer kurz vor und frage die geistige Welt, was besonders beachtet werden muss. Oder ich lasse mir zeigen, was für eine Seele zu mir kommt. Ich hatte auch einmal eine junge Frau, die mich in meiner Praxis aufsuchte, sie war sehr überschwänglich „glücklich". Ich hatte aber vorher mit ihrer Seele Kontakt aufgenommen und wusste, wie es um sie stand. Sie war in einem emotional sehr verletzten Zustand. Es ist wirklich überraschend, wie gewisse Menschen der Welt ein fröhliches Gesicht zeigen können, obwohl sie tieftraurig sind. Durch meine Vorbereitung konnte ich die junge Frau gleich in ihre wahren Gefühle führen und zeigte ihr auf, dass es nicht nötig war, mir etwas vorzumachen.

… nun aber zurück zu Rolf. Die geistige Welt machte mich bei ihm darauf aufmerksam, dass ich heute einen „Staubsauger" für die energetische Behandlung benutzen werde. Ich konnte mir nicht genau vorstellen, was damit gemeint war. Als ich mit der Behandlung begann, merkte ich, dass mein Atem recht schnell ging. Das ist immer ein klares Anzeichen, dass die Behandlung intensiv werden würde. Wenn ich energetisch arbeite, kann ich meinen Atem oft nicht selber steuern. Je nachdem, wie viel hoch schwingende Energien fließen, verändert sich der Atemrhythmus drastisch. Im normalen Alltag könnte ich nie so atmen, ohne bewusstlos zu werden. Aber bei den energetischen Behandlungen macht es mir nichts aus.

Also, Rolf lag auf der Massageliege und ich wurde aufgefordert, mich am Kopfende zu platzieren. Mein Atem veränderte sich. Ich spürte Lichtwesen, die mich regelrecht mit hoch schwingender Energie füllten. Mein ganzes System wurde auf ein höheres Level gebracht. Dann geschah etwas, das ich so noch nie zuvor erlebt hatte. Ein sehr hoch schwingendes, lichtvolles Wesen trat hinter mich und dann in mich. Es arbeitete so durch mich im Energiefeld von Rolf. Denn sein Energiefeld war sehr dunkel. Durch das Kiffen hatte er sich unbewusst vielen nieder schwingenden schweren Energien geöffnet, die sich in seinem Energiefeld ausbreiteten. Solche Energien können einen Menschen sehr stark beeinflussen, so dass er sich selber kaum mehr spürt und eher fremdbestimmt durchs Leben geht. Und dadurch ist er natürlich überhaupt nicht in seiner eigenen Kraft. Ich weiß nicht, ob durch das Kiffen und andere harte Drogen das Energiefeld offen und ungeschützt ist und auf diesem Weg Fremdenergien ins eigene Feld hineinkommen können. Bei Rolf sah es auf jeden Fall genau so aus. Das ganze Energiefeld war dunkel und schwer.

Als das Geistwesen durch mich arbeitete, wusste ich, dass das der „Staubsauger" war. Es zog durch meine Hände alle Dunkelheit aus dem Energiefeld. Für mich war es eine der intensivsten Behandlungen, die ich bis dahin erlebt hatte. Als alle dunkle Energie rausgesaugt war, entfernte sich das Geistwesen wieder und nahm all diese Energie mit, um sie in der geistigen Welt zu transformieren. Andere Geistwesen standen dann wieder hinter mir und reinigten noch einmal mein Energiefeld, damit nichts bei mir hängen blieb.

Es war eine sehr intensive, aber zugleich auch wunderschöne Behandlung. Die urteilsfreie Liebe, die während einer Behandlung immer mitschwingt, ist wunderschön. Niemals wird ein Mensch und sein Handeln verurteilt. Immer fließt ausschließlich reine, bedingungslose Liebe, in Wort und Energie.

Rolf hat bis heute seinen Weg noch nicht ganz gefunden. Allerdings hat er aufgehört zu Kiffen, aber eine wirklich tiefe Entscheidung, um die volle Verantwortung für sein Leben zu übernehmen, hat er aus meiner Sicht noch nicht getroffen. Aber er ist noch jung und hat Zeit, seinen Weg in seinem Tempo zu gehen.

Diese beiden Geschichten zeigen, dass es wirklich wichtig ist, in der Liebe und im Einklang mit sich selber durchs Leben zu gehen. Wenn du Drogen wie Kokain und Cannabis nimmst, ist es möglich, dass du plötzlich fremdbestimmt wirst. Bei der Sucht nach Arbeit und Anerkennung kann es geschehen, dass der Körper plötzlich nicht mehr mitmachen will, und du in einem Burnout landest. Auch die anderen Suchtmittel zeigen dir, dass du nicht im Respekt und der Liebe zu dir selber unterwegs bist. Frage dich deshalb:

- Warum habe ich dieses Verhaltensmuster der Sucht?
- Was will ich damit kompensieren?
- Warum liebe ich mich nicht genug, um suchtfrei durchs Leben zu gehen?
- Was brauche ich von mir selber, damit ich die Sucht überwinden kann?

Dein Körper, Tempel deiner Seele

„Gesundheit ist für den Menschen
die Grundlage seines Glücks,
aus ihr schöpft er seine ganze Kraft."
Benjamin Disraeli

Dein Körper ist ein Wunderwerk der Extraklasse. Mit all seinen Funktionsabläufe ist er durch nichts zu ersetzen, mit nichts zu vergleichen.

Trage Sorge zu ihm und schenke ihm das, was er zur Erhaltung der Vitalität und Gesundheit braucht.

Du solltest ihn nicht verachten, dich nicht über ihn ärgern, ihn krank oder bewegungslos machen. Denn der Körper ist der Tempel deiner Seele. Er ermöglicht es deiner Seele und deinem Sein erst, in der physischen Welt Gestalt anzunehmen. Damit du dein wahres Sein zum Ausdruck bringen kannst, um Erfahrungen zu machen und die vielen verschiedenen Gefühle fühlen zu können. Um so immer mehr Weisheit zu erlangen.

Trägst du zu deinem Körper keine Sorge, indem du ihn mit ungesunder Nahrung nährst, mit Drogen wie Alkohol, Zigaretten, Medikamenten und großem Zuckerkonsum und vielem mehr fast vergiftest, und ihm zusätzlich zu wenig Bewegung und frischen Sauerstoff gibst, wird er schnell alt und krank. Die Seele in einem zu früh gealterten und kranken Körper kann unter Umständen ihre wirkliche Lebensaufgabe nicht mehr erfüllen. In diesem Fall kann es sein, dass die Seele die Entscheidung trifft, den Körper vorzeitig zu verlassen. Wenn der Körper dann frühzeitig stirbt, wird die Seele ihre Aufgabe zu einem späteren Zeitpunkt in einem anderen physischen Körper lösen.

Dein Körper ist so gemacht, dass deine Zellen immer wieder erneuert werden, wie ich ja weiter vorne im Buch bereits erwähnt habe. So ist dein Körper in Wirklichkeit nicht 40 oder 70 Jahre alt, sondern nur so alt, wie der Körper braucht, um die Zellen zu erneuern. Als ich dies das erste Mal hörte, fragte ich mich, warum wir dann altern. Unser Körper müsste ja bis ins hohe Alter gesund und vital bleiben.

Einerseits erneuern sich aber die Zellen immer nach dem Plan der bereits bestehenden Zellinformationen. Sind also die Zellen mit Informationen von Krankheit programmiert, können nur wieder dieselben kranken Zellen hergestellt werden. Wenn nun aber diese Krankheitsinformation geheilt wird, können zukünftig nach und nach gesunde Zellen produziert werden und das bis dahin kranke Organ kann heilen. So kann tatsächlich Heilung entstehen.

Doch ist es auch wichtig, dass für die Erneuerung der Zellen die richtige Substanz und Energie aus dem physischem wie auch geistigen Bereich zur Verfügung gestellt wird, damit gesunde und vitale Zellen gebildet werden können.

Auch unsere Gefühle wirken auf unseren Körper. Deshalb wirkt sich eine positive Lebenseinstellung auch sehr stark auf unsere physische Gesundheit aus. Natürlich verlangsamt sich, wenn wir älter werden, unser Stoffwechsel und die Zellteilung. Auch die Hormone und zum Teil unsere Gene tragen zum Alterungsprozess bei. Das ist keine Frage. Doch bin ich überzeugt, dass wir selber sehr viel machen können, damit wir möglichst lang vital, geistig fit und gesund bleiben.

Eine wichtige Rolle in unserer physischen Gesundheit spielt die Ernährung. Mit diesem Thema befasse ich mich nun schon seit 36 Jahren relativ intensiv. Es fasziniert mich, wie meine körperliche Vitalität, aber auch meine Psyche, durch die Ernährung verändert werden können. In all den Jahren habe ich verschiedene Ernährungsformen ausprobiert. Es hat mir viel Spaß bereitet, zu sehen, welche gesundheitliche Veränderungen möglich sind.

Durch meinen Beruf als Krankenpflegerin hatte ich die Möglichkeit, viele betagte Menschen zu beobachten. Es ist für mich äußerst interessant, wie unterschiedlich die Gesundheit im Alter ist. Natürlich weiß ich, dass nicht alleine die Ernährung dafür verantwortlich ist, doch hat sie einen großen Stellenwert. So durfte ich immer wieder hochbetagte Menschen kennenlernen, die trotz ihrer bald 100 Jahre in guter gesundheitlicher Verfassung waren. Andere waren schon mit 60 plus in einer schlechten geistigen und körperlichen Gesundheit.

Es zählen, wie wir bereits gesehen haben, verschiedene Faktoren dazu, ob wir gesund und munter in die Jahre kommen. Dr. Johann Schnitzer zum Beispiel, Verfechter der Vollwerternährung, bewies, dass offenbar sogar sogenannte unheilbare Krankheiten durch die richtige und wie er sagt artgerechte Ernährung geheilt werden können. Aber vor allem ist die positive Veränderung bei chronischen Leiden mit der richtigen Ernährung nicht von der Hand zu weisen. Ärzte machen die Menschen oft zu wenig darauf aufmerksam und verschreiben lieber Medikamente. Vielleicht wissen einige Ärzte auch einfach zu wenig darüber, was eine gesunde Ernährung bei chronischen Beschwerden leisten und verbessern kann.

Vor ein paar Jahren hielt ich mich selber drei Monate lang strickt an die Heilkost von Dr. Schnitzer. Er entwickelte eine Normalkost und eine Heilkost. In der Normalkost kommen auch tierische Produkte wie Milch, Joghurt und Käse zum Einsatz oder auch gekochte Kartoffeln. Bei der Heilkost kommt nur Rohes auf den Tisch. Also aß ich nur Rohkost wie Salate, Getreideschrot und Flocken frisch zubereitet. Nüsse, rohes Gemüse als Salat zubereitet und frische Kräuter, sowie kaltgepresste, hochwertige Öle. Körperliche Müdigkeit verschwand recht schnell. Der Geist klarte auf, als hätte ich vorher Nebel im Kopf gehabt, der dann verschwand. Anders kann ich es nicht erklären. Ich hatte einfach viel mehr Klarheit im Kopf. Was mich dann so nach zwei bis drei Monaten überraschte, war, dass auch jegliche Zipperlein verschwunden sind. Mit den Jahren gibt es ja oft da und dort Schmerzen, an die man sich gewöhnt hat und da sie nicht über die Maßen störend sind, akzeptiert man sie einfach. Auch litt ich von Anbeginn meiner Pubertät während den ersten Tagen der Menstruation an starken Unterleibsschmerzen. Ich war mehr als überrascht, als diese Schmerzen verschwunden sind. Denn, was haben Menstruationsschmerzen mit der Ernährung zu tun? Offenbar mehr als man denkt. Ich hatte das erste Mal in meinem Leben in diesen Tagen keine Schmerzen. Leider änderte sich das nach ein paar Monaten, nachdem ich wieder „normal" gegessen hatte. Diese Erfahrungen zeigte mir aber am eigenen Körper, was Ernährung bewirken kann.

Ich kenne eine Frau, die immer wieder mal an Depressionen litt. Sie hatte herausgefunden, dass sie ernährungsbedingt an einem starken Candidadarmpilz erkrankt war. Dieser wird vor allem durch falsche Ernährung und industriell hergestelltem Zucker sowie Cortison, Antibiotika und Umweltschadstoffe begünstigt. Nach einer Ernährungsumstellung und naturmedizinischer Behandlung wurde nicht nur der Darmpilz in die Schranken verwiesen, auch die Depressionen verschwanden. Wann immer diese Frau wieder mal den Zuckergelüsten zu sehr nachgab, flammten wieder leichte Gefühlsschwankungen bis zu schwacher Depression auf. Da sieht man, dass Depressionen manchmal auch ernährungsbedingt auftreten oder durch die falsche Ernährung verstärkt werden können.

Weißer Zucker stört unseren Stoffwechsel enorm. Auf ihn so gut es geht zu verzichten, oder ihn zumindest stark zu reduzieren, löst schon viele ernährungsbedingte Krankheiten.

Du kannst mit der Ernährung viel bewirken. Krankheiten und Schmerzen, Nervosität und sogar Depressionen können verschwinden.

Es gibt sehr viele verschiedene Ernährungsformen. Jede wirbt für sich, mit der Meinung, dass sie die Beste ist. Ich habe wirklich viele Bücher darüber gelesen, und auch viele Ernährungsformen ausprobiert. Meine Erfahrung ist, dass es keine Ernährungsform gibt, die für jedermann richtig und bekömmlich ist. Wir haben so unterschiedliche Stoffwechsel, so unterschiedliche Gewohnheiten und Bedürfnisse. Was dem einen gut tut, schadet dem anderen. Ich selber plädiere dafür, dass wir wieder mehr zurück in die Einfachheit kommen. Heute sind so viele Nahrungsmittel verarbeitet und deshalb denaturiert. Es gibt Menschen, die sich fast ausschließlich mit Fastfood ernähren. Sie sind dann erstaunt, wenn ihr Körper zum Beispiel Diabetes, Krankheiten des Bewegungsapparates, Leberschäden, Gallen- und Nierensteine, Gicht, Herzinfarkt, hohen Blutdruck, Schlaganfall, Allergien oder chronische Erkrankungen entwickelt, die oft nahrungsbedingt sind.

Es existieren Lebensmittel und Nahrungsmittel. Die Lebensmittel leben, das heißt, dass sie noch alle Enzyme, Vitamine, Spurenelemente und Mineralstoffe in natürlicher Form enthalten. Sie sind weder erhitzt noch auf eine andere Art verarbeitet worden. Nahrungsmittel dagegen können erhitzt, konserviert und präpariert sein. In diesen Verarbeitungsmethoden gehen viele Vitalstoffe verloren und genau diese sind für den Menschen so wichtig. Meiner Meinung nach sollte der größte Teil der Nahrung aus Lebensmittel bestehen. Die Rohkost-Veganer ernähren sich ausschließlich auf diese Weise. Ich weiß aber, dass nicht alle mit ihrer Konstitution so viel Rohes vertragen. Es gibt Menschen, die sich sogar relativ schnell krank fühlen, wenn sie nicht ein bis dreimal im Tag etwas Gekochtes essen. Für diejenigen wäre dann zum Beispiel die ayurvedische Ernährung von Vorteil.

Es ist aber auch wichtig, zu wissen, dass der Darm diejenige Darmflora entwickelt, die der Mensch je nach Ernährungsform braucht. Das heißt, dass jemand, der sehr wenig bis gar kein Fleisch isst, eine Darmflora besitzt, in der das Fleisch kaum richtig verdaut werden kann. Isst aber jetzt derselbe Mensch regelmäßig Fleisch, verändert sich die Darmflora dahingehend, dass wieder mehr Darmbakterien vorhanden sind, um Fleisch zu verdauen.

Dasselbe gilt natürlich auch bei anderen Nahrungsvorlieben. Die Darmflora verändert sich bei gesunden Menschen, immer nach und nach, je nachdem welche Essgewohnheiten vorhanden sind. Ich kenne Veganer, die mir erzählten, dass sie sich sehr unwohl fühlen, wenn sie mal Käse oder andere Milchprodukte essen. Viele sind dann der Auffassung, dass es allgemein nicht gut ist, und sie nun den Beweis durch das Unwohlsein haben. Aber bei Veganer ist die Darmflora schlicht und einfach nicht mehr darauf vorbereitet, solche Nahrungsmittel zu verdauen. Und alles was nicht richtig verdaut werden kann, kann Unwohlsein hervorrufen. Bei einer Ernährungsumstellung muss man sich deshalb auch immer genug Zeit einräumen. Am sinnvollsten wird es sein, dass man step by step die Ernährung umstellt und sich genug Zeit dafür nimmt, ohne sich zu stressen.

Viele Menschen sind leider der Auffassung, dass sie einfach nach ihren Gelüsten gehen müssen, und das dann schon so passt. Wäre ich nach meinen Gelüsten gegangen, würde ich heute noch kiloweise Schokolade und Süßes essen. Doch Zucker ist nicht nur schlecht für unsere Figur und die Zähne, sondern es beeinflusst auch unsere Darmflora wirklich sehr negativ. Wissenschaftler der Londoner University College fanden einen Zusammenhang zwischen dem Zuckerkonsum und der Entstehung psychischer Erkrankungen wie Depressionen und Angststörungen. Ich empfehle das Weglassen oder die Reduzierung des weißen Zuckers sehr. Er schadet unserem Stoffwechsel, und unser Gehirn kann regelrecht süchtig danach werden. Offensichtlich reagiert das Gehirn auf den Suchtstoff Zucker ähnlich wie bei Alkohol oder anderen Drogen! Du glaubst das nicht? Dann verzichte einmal drei Wochen komplett auf Zucker. Und zwar auf jeglichen weißen Zucker in allen Nahrungsmitteln. Viel Spaß bei den Erfahrungen, die du damit machen wirst;-)

Ich selber habe die Erfahrung gemacht, dass ich immer nach einer Fastenkur, Stoffwechselkur oder einer Nahrungsumstellung hin zu gesunder Ernährung, kaum noch Gelüste nach Süßem und anderen ungesunden Nahrungsmittel hatte. Vielmehr schmeckte es mir nach solchen Ernährungsveränderungen überhaupt nicht mehr. Meistens war es viel zu süß, zu fettig und schmeckte irgendwie künstlich. Es war für mich sehr interessant, zu sehen, wie sich meine Gelüste veränderten. Doch warum war das so? Ein Grund ist sicher, dass die Geschmacksnerven sich erholen und empfindlicher werden und so schnell alles zu süß und zu salzig schmeckt. Dies vor allem nach einer Fastenkur. Ein anderer Grund kann aber auch sein, dass Parasiten im Körper keine Nahrung mehr fanden und gestorben und ausgeschieden wurden. Die

Forderung nach Süßigkeiten und anderer ungesunder Nahrung fehlte dadurch. Aber diese Erfahrung, wie sich Gelüste und das körperliche Empfinden verändern, musst du wirklich einmal gemacht haben. Es ist sehr interessant, zu beobachten, welche Nahrung der Körper wünscht, wenn die Parasiten im Körper nicht mehr das Kommando haben und die Zuckersucht besiegt ist.

Ich kenne eine Frau, nennen wir sie Silvia. Sie hatte immer mal wieder verschiedene gesundheitliche Probleme. Nach einer Untersuchung bei einer Ärztin durfte sie im Mikroskop ihr Blut bewundern. Irgend etwas bewegte sich darin. Sie fragte die Ärztin, was das sein könnte. Die Antwort brachte sie fast dazu, sich zu übergeben. Denn: es waren mikroskopisch kleine Würmchen, die vom Zucker so gut genährt wurden, dass sie sich so richtig toll vermehren konnten. Das ganze Blut war voll davon. Silvia machte danach eine intensive Ernährungskur, darin durfte kein Zucker, also auch kein Fruchtzucker vorhanden sein, damit den Würmchen ihre Lebensgrundlagen entzogen wurde und sie dadurch starben.

Aus diesem und vielen anderen Gründen stimmt der Satz nicht, dass wir nur nach unseren Gelüsten gehen sollen und es dann schon so okay ist. Dieser Satz stimmt nur, wenn wir den Parasiten im Körper den Garaus gemacht haben und sie nicht mehr unsere Gelüste diktieren. Oder auch, wenn wir unserem Körper durch eine Fastenkur wieder in einen gesunden Zustand bringen, wodurch es ihm wieder möglich ist, die richtige Nahrung zu fordern.

Egal, ob du mehr Rohes oder Gekochtes, mehr Kohlenhydrate oder Eiweiße isst, oder welche Ernährungsform du auch immer als für dich bekömmlich gewählt hast. Wenn du den industriellen Zucker, Fertigprodukte, weißes Mehl, vorallem Weizenmehl, gesüßte Getränke, sowie künstlich gesüßte Nahrungsmittel, zu große Portionen an Fleisch- und Milchprodukten vermeidest, hast du schon sehr viel Gutes für deine Gesundheit und dein seelisches Wohl getan.

Lerne, auf deine innere Stimme zu hören, denn sie wird dir sagen, was für dich gut ist.

Dazu machte ich einmal eine kleine Meditation. Ich verband mich mit meiner inneren Kraft und fragte sie, welche Lebensmittel ich im Besonderen zu mir nehmen soll. Dann ließ ich es mir im inneren Bild auf einem Tisch zeigen. Auch das Mengenverhältnis wurde mir gezeigt, denn dies ist für eine gesunde Ernährung sehr entscheidend.

Es wurde mir so gut wie alles erlaubt. Aber offensichtlich spielt es eine sehr große Rolle, welchen Lebensmitteln ich den Vorrang gebe und am häufigsten genieße und welche ich nur sehr selten konsumieren sollte. Wenn ich mich daran halte, kann ich eine wundervolle Vitalität erhalten, und es geht mir körperlich wie geistig sehr gut.

Allerdings wäre ich nicht auch Mensch, wenn ich nicht auch manchmal aus dem Gleichgewicht falle und ein wenig abschweife. Ich denke, auch das darf und soll mal sein. Und doch finde ich immer wieder in meine stärkende Ernährungsweise zurück, weil ich gemerkt habe, dass ich mich damit einfach wohl, stark und leistungsfähig fühle.

Im Weiteren hatte ich mich vor einiger Zeit für das Intervall-Fasten entschieden. Ich mache die 16/8. Das heißt, während 16 Stunden faste ich und trinke nur stilles Wasser, in den anderen 8 Stunden esse ich. Natürlich nicht die ganze Zeit, aber nur während dieser Zeit nehme ich Nahrung zu mir.

Wissenschaftler haben herausgefunden, dass der Körper in der Zeit des Fastens, vor allem in den Stunden 14–16, den Selbstheilungsprozess aktiviert. So kannst du deinem Körper jeden Tag mit Leichtigkeit die Möglichkeit für einen Heilungsprozess geben. Ganz einfach, ohne großen Verzicht und dies das ganze Jahr hindurch. Ich fand diese Vorstellung genial und setzte es kurzerhand um. Du kannst es auch langsam beginnen, zum Beispiel mit 12 Stunden Fasten und dann jede Woche eine Stunde mehr.

Nun habe ich wieder mein Wohlfühlgewicht und kann es gut halten. Es war gar nicht meine Idee, die dazugekommenen Wechseljahrpfunde abzuspecken. Obwohl ich in den Wechseljahren viel weniger gegessen hatte als früher, zeigte die Waage immer mehr an Gewicht an. Ich probierte es mit Sport und Hungern. Doch nichts half. Die Kilos klebten an mir auf Teufel komm raus. Der Stoffwechsel verändert sich während der Wechseljahre dahingehend, dass wir fast ein Drittel weniger Nahrung brauchen. Dies war mir zu Beginn der Wechseljahre nicht bewusst. Wenn wir einfach weiter essen wie bisher, ist eine Gewichtszunahme bei den meisten Frauen das Resultat.

Zuletzt hatte ich mein Gewicht angenommen und Frieden damit geschlossen. Einige Zeit später hörte ich von dem Intervall-Fasten und war von der Möglichkeit des täglichen Selbstheilungsprozesses begeistert. Ich habe nicht damit gerechnet, dass ich die überschüssigen Pfunde loswerden würde. Um so glücklicher war ich, dass es mir dann so einfach gelang. Ich habe dank diesen 16/8 einen besseren Schlaf und viel mehr Energie. Falls du dich dafür interessierst, im Internet gibt es dazu viele Informationen.

Also überdenke deine Essgewohnheiten. Stell dir die Frage, was du dir zuliebe verändern könntest und möchtest. Mach lieber kleine Schritte. Sie sind eher von Erfolg gekrönt. Erarbeite einen Plan, wann du welche ungesunden Lebensmittel auf Dauer reduzieren möchtest. Nimm dir nicht zu viel auf einmal vor. Finde heraus, ob du gewisse Nahrungsmittel mit gesünderen Lebensmittel tauschen kannst. Iss vor allem keine Fertigprodukte und keine Nahrungsmittel, die herkömmlichen Weizen oder Zucker enthalten. Bereite wieder mehr selber aus frischen Produkten zu.

In einem gesunden Körper kannst du dein Licht besser strahlen lassen. Achte gut auf ihn, denn er ist der Tempel deiner Seele.

Atme

„So du zerstreut bist,
lerne auf den Atem zu achten."
Buddha

Du atmest ununterbrochen, ein Leben lang, es ist das Erste und das Letzte, das du tust. Und doch atmest du vermutlich selten so, dass es deine Gesundheit optimal unterstützt. Sauerstoff kannst du nur für kurze Zeit entbehren, er ist dein wichtigstes Lebenselixier. Mit einer richtigen Atmung förderst und unterstützt du deinen Körper und deine Gesundheit wesentlich.

Es ist bekannt, dass Krebszellen ohne Sauerstoff auskommen. Oder kann es sein, dass Krebszellen nur dort entstehen können, wo es zu wenig oder gar keinen Sauerstoff hat? Also dort, wo unser Organismus verschlackt und die Durchblutung und der Abtransport von Giftstoffen nicht mehr gewährleistet ist? Die Menschen sind sich viel zu wenig bewusst, wie wichtig eine optimale Atmung und somit eine ausreichende Sauerstoffzufuhr ist.

Auch wird das Lymphsystem durch eine richtige Atmung unterstützt und aktiviert. Würde dein Lymphsystem während 24 Stunden komplett ausfallen, würdest du sterben. Es ist, neben dem Blutkreislauf, das zweite wichtige Zirkulationssystem deines Körpers. Seine Aufgabe ist der Abtransport von Abfallstoffen wie toten Zellen, Blutproteinen und anderer toxischer Stoffe sowie die Entwässerung des Gewebes. Ohne dieses „Abwassersystem" könnte der Mensch nicht leben, er würde förmlich platzen. Schlussendlich werden die Giftstoffe, die die Lymphe transportieren, über die Leber und die Nieren ausgeschieden. Im Weiteren ist unser Lymphsystem wichtig bei der Unterstützung und Funktionierens des Immunsystems.

Nun wird dieses wichtige Lymphsystem im Wesentlichen durch eine gute Atmung und durch die Bewegung der Muskeln unterstützt und aktiviert, da es keine eigene Pumpe hat wie der Blutkreislauf. Deshalb ist deine Atmung sehr wichtig. Vielleicht gehörst du zu den Menschen, die sich noch nie wirklich Gedanken darüber gemacht haben. Denn der Atem kommt und geht ja von alleine. Es ist nichts, woran du immer denken musst, es sei denn, dass du an Atemwegserkrankungen wie Asthma, chronischer Bronchitis, COPD, Lungenemphysem oder unter Ähnlichem leidest.

Wenn du nun aber deinem Körper, dem Tempel deiner Seele, etwas Gutes tun möchtest, ist es unabdingbar, deine Atmung zu optimieren.

Eine Atmung, die das Lymphsystem besonders unterstützt, ist folgende: du atmest ein und zählst dabei zum Beispiel auf fünf. Es ist wichtig, dass du dabei die Lungen richtig füllst. Atme bis tief in den Bauch, links und rechts in die seitlichen Flanken hinein und fülle die ganze Lunge mit Sauerstoff. Danach hältst du den Atem viermal so lange an, wie du eingeatmet hast. Dann atmest du zweimal so lange aus, wie du eingeatmet hast. Ein: 5, halten: 20, aus: 10. Das ist lediglich ein Vorschlag. Du kannst je nach Lungenkapazität länger oder weniger lang einatmen. Zum Beispiel 3, 12, 6. oder 7, 28, 14 etc. Wenn du diese Übung auf den Tag verteilt dreimal machst, mit jeweils zehn Atemzügen, kannst du dein Lymphsystem und deinen Blutkreislauf wunderbar unterstützen. Es kann so mehr Sauerstoff in den Körper und somit in die Zellen gelangen und gleichzeitig kann das Lymphsystem dadurch mehr Gift- und Schlackenstoffe abtransportieren.

Eine andere Atemübung, die du ganz leicht in den Alltag integrieren kannst, geht folgendermaßen: du atmest ruhig ein, zählst dabei auf vier, füllst dabei so gut es geht, die ganzen Lungen mit Sauerstoff und atmest tief in den Bauch hinein. Dann atmest du langsam aus und zählst dabei auf sieben. Diese Atmung hat eine sehr beruhigende Wirkung. Sie wirkt entschleunigend und hilft, den Blutdruck zu senken. Im Weiteren kann sie Stress und Panikattacken vermindern. Außerdem kann sich dieser Atemrhythmus positiv bei Migräne, Asthma und Lungenerkrankungen auswirken.

Ich empfehle, diese Atmung im Laufe des Tages immer wieder zu üben. Bei der Hausarbeit, beim Spaziergang, der Arbeit am PC oder beim Fernseher schauen.

Es gibt viele Möglichkeiten, sich mit der richtigen Atmung zu unterstützen. Wenn du diese Atmung in deinen Alltag integrierst, wird sie bald zur Normalität. Du wirst automatisch immer ruhiger und tiefer atmen und dadurch stressfreier durchs Leben gehen. Und, je mehr Übung du darin hast, umso schneller wirst du bemerken, wenn du oberflächlich atmest. Dann kannst du dich ganz einfach wieder daran erinnern tief, langsam und entspannt zu atmen.

Probiere es aus! Nimm dir vor, einen Monat lang immer wieder bewusst zu atmen und du wirst eine große Veränderung spüren. Das wird sich so gut anfühlen, dass du die neue Atemtechnik gerne beibehältst.

Natürlich gibt es noch ganz viele andere Möglichkeiten die Atmung zu verbessern. Finde heraus, welche sich für dich stimmig anfühlt und verwende sie im Leben so oft, dass sie mit der Zeit ganz natürlich wird.

Vor vielen Jahren hatte mich jemand darauf aufmerksam gemacht, dass ich sehr flach und oberflächlich atme. Daraufhin begann ich meinen Atem zu beobachten und nach und nach zu verändern. Mit der Zeit merkte ich immer schneller, wenn ich wieder ins alte Atemmuster fiel. Wenn der Körper die Botschaft von dir erhält, dass du besser und tiefer atmen kannst, fordert er es immer wieder von dir, weil er weiß, dass das für deine Gesundheit von großem Wert ist.

Probiere es aus. Viel Spaß und Erfolg dabei.

Bleib in Bewegung

Körperliche Aktivität ist ein weiterer wichtiger Baustein für deine Gesundheit. Bewegung wirkt auf den ganzen Körper. Nur mit ausreichender Aktivität bleibt die normale Funktion der meisten lebenswichtigen Organe erhalten, bleiben die Energiebilanzen im Gleichgewicht und das Körpergewicht im Normalbereich.

Regelmäßige Bewegung erhöht offenbar die Anzahl und Aktivität körpereigener Abwehrzellen. Diese sind wichtig für die Bekämpfung von Viren und degenerierten Zellen. Bewegung stärkt also das Immunsystem nachhaltig und verringert so die Wahrscheinlichkeit, an Erkältungen oder an Krebs zu erkranken. Durch genügend Bewegung steigerst du deinen Sauerstoffgehalt im Blut, durch die Aktivierung der Muskeln und des Atems wird das wichtige Lymphsystem unterstützt.

Durch sportliche Aktivität wird auch die Durchblutung der verschiedenen Hirnrealen gesteigert, dies wiederum stärkt die Gedächtnisleistung. Und durch die erhöhte Ausschüttung des Glückshormons Endorphin wirkt sich Bewegung auch sehr förderlich auf deine Stimmung aus. Sport und Bewegung erzeugen also Glücksgefühle, die oft den ganzen Tag lang anhalten.

Bewegung ist unerlässlich für einen gesunden Körper, Geist und Seele.

Ich selber bin ein Bewegungsmensch. Langes Sitzen ist Nichts für mich. Das Laufen an der frischen Luft hat mir schon oft geholfen, in verschiedenen Angelegenheiten Klarheit zu bekommen. Ich kann beim Gehen auch gut mit meinen geistigen Helfern kommunizieren und so Lösungen von Problemen finden. Dazu muss ich nicht im stillen Kämmerlein meditieren.

Hinauszugehen und die Farbe Grün der Natur auf sich wirken zu lassen, kann Ruhe und Gelassenheit fördern. Deshalb wird die Farbe Grün auch eingesetzt um Schlafstörungen, Nervosität, Gereiztheit und Trauer zu behandeln. Sie stärkt auch das Immunsystem und reguliert den Blutdruck.

Im Weiteren steht die Farbe Grün für Heilung, Erholung und Regeneration. Wie du siehst, alles gute Gründe, mehr nach draußen zu gehen und die Natur auf dich wirken zu lassen.

Wenn du möchtest, dass dein Körper ein vitaler, gesunder und aktiver Tempel für deine Seele werden oder bleiben soll, musst du ihm das geben, was er braucht. Es liegt im Naturell eines physischen Körpers, dass er Bewegung braucht. Der Satz: „Wer rastet, der rostet", kommt nicht von ungefähr.

Finde heraus, welche Bewegung dir Spaß macht und dir gut tut. Wenn du, aus welchen Gründen auch immer, nicht regelmäßig nach draußen gehen kannst, so öffne wenigstens öfters mal die Fenster und mache dabei Atemübungen. Dies braucht nicht viel Zeit und du kannst so trotzdem täglich mehrmals etwas Gutes für dich tun.

Achte gut auf deinen Körper und versuche, ihm liebevoll das zu geben, was er braucht. Wenn sich erst einmal Krankheiten einschleichen, dann bist du damit so beschäftigt und absorbiert, dass du kaum mehr deine Seelenenergie wahrnimmst. Schmerzen machen es oft fast unmöglich, sich selbst wirklich zu fühlen. Der Spruch: „Gesundheit ist nicht alles, aber ohne Gesundheit ist alles nichts", stimmt leider.

Um das Seelenpotenzial voll zu leben und deinen Seelenweg zu gehen, solltest du bemüht sein, gesund zu bleiben und alles, was dir möglich ist, dafür zu tun. Denn viele Krankheiten entstehen nicht aus heiterem Himmel, die meisten kündigen sich schon lange Zeit vorher an. Oft werden die ersten Anzeichen gerne überhört, weil man seine liebgewonnenen Gewohnheiten nicht gerne verändern und aufgeben möchte. Manchmal ist der Mensch auch nur zu bequem, um etwas in Veränderung zu bringen.

Doch durch die richtige Ernährung, bewusstes Atmen und genug Bewegung, kannst du enorm viel für dich selber tun und somit Eigenverantwortung übernehmen.

Falls du bereits an einer Krankheit oder Behinderung leidest, tust du gut daran, deinen Blick immer auf das zu richten, was du noch verändern und verbessern kannst. Damit du die, für dich bestmögliche Version deiner Selbst leben kannst. Man kann immer noch irgend etwas verbessern, und du wirst die Möglichkeit dazu finden, wenn du den Blick weg von der Krankheit, hin zu dem Möglichen richtest.

Nun möchte ich an dieser Stelle etwas über eine Therapieform erzählen, die ich jedem gerne ans Herz legen würde.

Ich hatte vor zirka acht Jahren sehr starke Hüftgelenkschmerzen. Jeder Schritt schmerzte. Mit der Zeit wurden die Schmerzen so stark, dass mir die Tränen in die Augen schossen. Mir war klar, dass sich meine linke Hüfte, vermutlich durch eine kleine Fehlstellung, über die Jahren abgenutzt und sich eine Arthrose gebildet hatte. Ich wusste, durch meine Erfahrung im Pflegeberuf, dass mir die Schulmedizin nicht wirklich helfen konnte. Schmerzmedikamente wollte ich nicht nehmen, sie ändern ja nichts an den Ursachen.

Ich saß zu Hause im Wohnzimmer und überlegte, was ich nun tun konnte. Es machte mir ein bisschen Sorge, dass ich schon vor meinem fünfzigsten Geburtstag Probleme mit meinen Gelenken hatte. Plötzlich kam mir das Wort Osteopathie in mein Bewusstsein. Ich googelte es und fand eine Osteopathin in meiner Nähe.

(Google sagt dazu: Bei der Osteopathie handelt es sich um ein manuelles Verfahren, zur Untersuchung und Behandlung vom Bewegungsapparat, Organen und Gewebe, ausgehend davon, dass mögliche Beschwerden der Betroffenen, die Folge von Bewegungseinschränkungen oder Blockaden sind. Grundsätzlich lassen sich alle Funktionsstörungen des Körpers mit Osteopathie behandeln. Auch für chronische Beschwerden ist sie geeignet. Therapiefähig sind unter anderem Verspannungen und Verletzungen des Skeletts, sowie der dazugehörenden Muskeln und Bänder.)

Nach nur zwei Behandlungen ließen die Schmerzen nach und ich konnte wieder fast schmerzfrei gehen. Vier weitere Behandlungen folgten und es ging mir wieder gut. Meine Osteopathin zeigte mir verschiedene Körperübungen, die meinen Bewegungsapparat unterstützen sollten. Diese mache ich seither jeden Tag. Viele weitere Übungen sind dazu gekommen. Für den Aufbau des Gelenkknorpels nehme ich täglich eine Kapsel. Natürlich ist die Arthrose seither nicht ganz verschwunden, aber ich lebe die meiste Zeit schmerzfrei. Und wenn sich doch wieder Schmerzen einfinden, gehe ich zur Osteopathin und sie hilft dem Körper, Fehlstellungen zu korrigieren, so dass ich wieder schmerzfrei werde.

Dadurch, dass ich viel Eigenverantwortung übernehme und mich bewusst bewege, geht es mir gut und ich fühle mich wohl und vital in meinem Körper.

Und das ist auch das, was ich dir wünsche. Dass du dich wohl fühlst im Tempel deiner Seele. Und denke immer daran, dass deine Seele mit dir durch deinen Körper spricht, dir durch ihn Botschaften schickt. Darüber wurden schon viele, verschiedene Bücher geschrieben. Zum Beispiel die Bücher von Rüdiger Dahlke „Krankheit als Symbol" oder von Claudia Rainville „Metamedizin".

Jedes Symptom ist eine Botschaft. Horche in deinen Körper hinein und du wirst herausfinden, was dir deine Seele mitteilen will, oder gehe in das Gefühl hinein, das deine Krankheit in dir auslöst.

„Der Körper ist der Übersetzer
der Seele ins Sichtbare."
Christian Morgenstern

Lächle

„Lachen und Lächeln
sind Tor und Pforte,
durch die viel Gutes
in den Menschen
hinein huschen kann."
Christian Morgenstern

Was meinst du, wie oft lächelst du am Tag?

Ein Lächeln kann so viel bewirken. Innen wie Außen.

Forscher haben herausgefunden, dass ein Lächeln das Gehirn genauso stimuliert wie Schokolade! Und im Gegensatz zu zuviel Schokolade essen kann viel Lächeln dich sogar gesünder machen. Lächeln reduziert den Spiegel von stresssteigernden Hormonen wie Kortisol und Adrenalin. Erhöht im Gegenzug die stimmungserhellenden Hormone Endorphin und Serotonin, die den Blutdruck senken und gleichzeitig die Selbstheilungskräfte erhöhen.

Durch das Lachen erhält das Gehirn positive Signale, welche nicht nur deine Gemütslage, sondern auch deine Leistungsfähigkeit und deine Kreativität direkt verbessern können. Lachen bewirkt aber noch mehr. Es steigert dein Immunsystem, senkt Schmerzempfinden und hilft, dich zu entspannen. Im Weiteren vermindert es ebenso depressive Verstimmungen. Auf der Suche nach dem großen Lebensglück, nach dem Sinn des Lebens oder der tiefen Entspannung probieren die Menschen sehr viel aus. Aber wie wäre es, das Lächeln zu üben?

Dein lächelnder Mund sendet positive Signale an dein Gehirn und dein Gehirn denkt …Judihuui, uns geht es heute gut …Und deine Stimmung hebt sich blitzschnell. Das Gehirn kann offenbar nicht unterscheiden, ob das Lächeln echt ist oder nicht, es ist ihm egal. Selbst wenn du grundlos vor dich hinlächelst, wirst du dich besser fühlen, da dabei automatisch Glückshormone ausgeschüttet werden. Versuche einmal, für zwei Minuten zu lächeln. Vielleicht hilft es dir, dabei an etwas Schönes zu denken. Es wird deine Stimmung heben.

Lächeln macht auch sympathischer. Lächelnde Menschen bleiben uns länger im Bewusstsein, man erinnert sich besser an sie. Lächeln signalisiert Offenheit für Kommunikation, Ehrlichkeit und Vertrauenswürdigkeit. Also immer, wenn du toll und dazu noch kompetent aussehen möchtest, oder wenn du dich so fühlen möchtest, als hättest du gerade Schokolade gegessen, ohne unnötige Kalorien zuzuführen, dann solltest du lächeln :-)

Mach es dir zur Gewohnheit, wann auch immer möglich, die Mundwinkel hochzuziehen, zu lächeln und zu strahlen. Wenn du tief im Gefühl der Dankbarkeit bist, wird ein Lächeln ganz von alleine in dein Gesicht gezaubert. Und sonst hilfst du halt ein bisschen nach, indem du dich an etwas Schönes aus deinem Leben erinnerst.

Falls es dir aber emotional sehr schlecht geht, wäre es sinnvoll, zuerst durch den inneren Schmerz durchzugehen, mit dem Prozess der Spiegelarbeit (siehe Seite 65). Damit du dich und deine Gefühle nicht übergehst.

Ich habe einmal von einem totkranken Mann gehört, der sich entschieden hat, durch Lachen gesund zu werden. Er hat sich viele Filme geholt, bei denen er sehr viel und intensiv lachen konnte. Offenbar hatte er sich viele Wochen lang nur mit lustigen Filmen beschäftigt und schottete sich von allem Negativen ab. Und wie ich gehört habe, ist er dadurch tatsächlich gesund geworden.

Ich bin kein Wissenschaftler, aber ich bin mir sicher, dass beim Lächeln sehr viele chemische Reaktionen im Körper stattfinden. Und zwar solche, die uns bei der Gesundung oder bei der Erhaltung unserer Gesundheit unterstützen. Deshalb, lächle so viel wie es geht, umgebe dich mit fröhlichen Menschen und nehme das Leben als solches nicht so ernst.

Atmen, Dankbarkeit fühlen und Lächeln sind so einfache Dinge, die du mit Leichtigkeit in dein Leben integrieren kannst und die eine große Wirkung haben können.

Probiere es aus und nehme dir wirklich einmal zwei bis drei Monate Zeit und setze die Vorschläge um. Du wirst erstaunt sein, über die wundervolle Wirkung.

Schlussgedanken

Das war mein Weg, von der Dunkelheit ins Licht. Alles, was ich in diesem Buch mit dir teilte, half mir auf meinem Weg. Die innere Dunkelheit, die ich in meiner Kindheit und Jugend empfand, kam nicht nur aus Erlebnissen von diesem Leben. Das meiste nahm ich von anderen Inkarnationen in dieses Leben mit, mit dem Wunsch, es zu transformieren und innerlich zu wachsen und frei zu werden.

Durch all meine Erfahrungen, die ich machen durfte in meiner Praxis und in meinem Leben, und durch all die Transformationsarbeit wuchs ich immer mehr und mehr in meine Kraft hinein. Da ich alles Gelernte mit viel Freude und Eifer angewendet habe, brachte es mich immer mehr zu meinem inneren Licht.

Viele Jahre lang empfand ich das Leben als Last und als einen großen Kampf. Es fühlte sich oft sehr schwer an. Unter der Last des „Rucksacks", in dem ich die aufzuarbeitenden Lebensthemen mitgenommen hatte, drohte ich manchmal fast zu zerbrechen.

Glücklicherweise wurde mir gezeigt, wer ich in Wahrheit bin. Dass ich mit 13 Jahren die Erfahrung machen durfte, dass wir alle Licht und Liebe sind, hat mein Leben stark verändert. Und als später meine Medialität erwachte, erhielt das Leben für mich eine andere Farbe. Der Gedanke, dass wir in unserer Essenz Licht und Liebe sind, gab mir die Kraft, den Weg aus meiner gefühlten Dunkelheit ins Licht anzutreten.

Ich bin unendlich dankbar für alles, was ich bis jetzt in meinem Leben lernen durfte. Für all die Menschen, die mich darin begleitet haben und mir gute Lehrer waren. Auch wenn es manchmal schmerzhaft war, so waren sie alle wundervolle Spiegelbilder meiner Seele. Ich konnte mit ihnen und durch sie wachsen und immer mehr zu der werden, die ich wirklich bin.

All meine Weiterbildungen halfen mir, mich und meine Essenz besser kennenzulernen. Sie halfen mir, meine Schattenseiten zu transformieren und das Leben mit den Augen einer Liebenden zu sehen.

Ich bin auch meinen geistigen Helfern zutiefst dankbar. Ihre Anwesenheit und ihre Liebe zu spüren, gab mir viel Trost, Kraft und Mut, meinen Weg weiterzugehen. Die bedingungslose Liebe, von der wir umgeben sind, ist nicht in Worte zu fassen. Die Liebe, in der wir uns eingebettet fühlen dürfen, rührt mich oft zu Tränen.

Das Leben ist nicht „kurz und verschissen – wie eine Hühnerleiter", wie ich in meiner Jugend dachte. Nein! Es ist wundervoll, heilig, einzigartig, gesegnet und in seiner Ganzheit unbeschreiblich schön und spannend.

Du, ich, wir alle sind auf jeden unserer Schritte begleitet, geführt und von der Liebe umhüllt. Niemand ist je alleine und verlassen. Es braucht nur einen Augenblick, um sich für all das zu öffnen. Einen Augenblick einer tiefen, echten Entscheidung. Die Entscheidung, sich für die wahre Essenz des Lebens und der bedingungslosen Liebe zu öffnen.

Es gibt viel Wege aus der Dunkelheit zum Licht. Doch jeder Weg beginnt mit dieser einen Entscheidung, die du tief in dir triffst. Alles Neue beginnt damit. Deshalb habe ich das Wort „Entscheidung" auch so oft verwendet. Fälle für dich die Richtige, damit du das für dich beste Leben leben kannst.

Es würde mich freuen, wenn dich mein Weg inspiriert und dich auf deinen eigenen, bewussten Weg schickt, zu deiner inneren Kraft und zu deinem inneren Licht.

Habe den Mut, deiner inneren Führung zu vertrauen. Erkenne und glaube an das Gute in dir und in Allem. Werde innerlich frei und werde ein strahlender, liebender, gelassener und glücklicher Mensch. Gehe mutig durch deine Dunkelheit ins Licht. Schau dir in die Augen, erkenne deine Essenz und gehe liebevoll mit dir um.

Ich wünsche dir von ganzem Herzen, dass du die Liebe, das Licht und die Weite deines Seins in dir erfahren und leben kannst.

Literaturhinweise

Dr. Joseph Murphy Die Macht des Unterbewusstseins Ariston Verlag 68. überarbeitete Auflage 2001

Rainer Franke Ingrid Schlieske Klopfen Sie sich frei! M.E.T. rororo Verlag 9. Auflage Juli 2007

Brian l. Weiss Seelenwege Allegra Verlag 2. Auflage 2020

Brian l. Weiss Die zahlreichen Leben der Seele Goldmann Verlag 14. Auflage September 2005

Kurt Tepperwein Die geistigen Gesetze Goldmann Verlag 1992

Robert Scheinfeld Raus aus dem Geld-Spiel rororo Verlag 4. Auflage Januar 2019 Kapitel 10 S. 166

Bruce H. Lipton Ph.D. Intelligente Zellen Koha Verlag 11. Auflage 2012 S.144

Dr. Johann Georg Schnitzer Schnitzer-Intensivkost, Schnitzer-Normalkost Ausgabe 2011 www.dr-schnitzer.de

Gary Chapmann Die fünf Sprachen der Liebe Francke Verlag 7. Auflage 2019

Rüdiger Dahlke Krankheit als Symbol C. Bertelsmann Verlag 18. Auflage 2007

Claudia Rainville Metamedizin Silberschnur Verlag 3. Auflage 2010

Dank

Meinen Dank haben all die verdient, die mich wissentlich oder unwissentlich auf meinem Weg weitergebracht haben. Viele Menschen, denen ich bis jetzt begegnet bin, waren mir große Lehrer.

Ich danke auch den vielen Tieren, die mich auf meinem Weg durchs Leben begleitet haben. Viel durfte ich von ihnen lernen.

Ganz besonderer Dank gebührt meiner Schwester Janine, die mich beim Schreiben mit ihren Anregungen unterstützt hat.

Vielen Dank an meine Nichte Livia, die das Cover ganz nach meinen Vorstellungen gestaltet hat.

Lieben Dank auch meinem Partner André, der mir dabei half, mir Zeit zum Schreiben zu nehmen.

novum 📖 VERLAG FÜR NEUAUTOREN

Bewerten
Sie dieses Buch
auf unserer
Homepage!

www.novumverlag.com

FÜR AUTOREN A HEART FOR AUTHORS À L'ÉCOUTE DES AUTEURS MIA KAPΔIA ΓIA ΣΥΓ
RTA FÖR FÖRFATTARE UN CORAZÓN POR LOS AUTORES YAZARLARIMIZA GÖNÜL VERELIM S
PER AUTORI ET HJERTE FOR FORFATTERE EEN HART VOOR SCHRIJVERS TEMOS OS AU
ÖNKERT SERCE DLA AUTORÓW EIN HERZ FÜR AUTOREN A HEART FOR AUTHORS À L'ÉCO
ÃO BCEЙ ДУШОЙ К АВТОРАМ ETT HJÄRTA FÖR FÖRFATTARE Á LA ESCUCHA DE LOS AUT
MIA KAPΔIA ΓIA ΣΥΓΓΡΑΦΕΙΣ UN CUORE PER AUTORI ET HJERTE FOR FORFATTERE EE
ARIMIZA GÖ   RE   INKÉRT SERCE DLA AUTORÓW EIN HERZ F
SCHRU   RS AS A   CO   ÃO BCEЙ ДУШОЙ К АВТОРАМ ETT HJÄRTA F

Die Autorin

 Roberta Theiler wuchs in Wohlen in der Schweiz als jüngstes Kind einer Großfamilie auf. Nach ihrer Schulausbildung absolvierte sie eine Ausbildung zur Krankenpflegerin. Als sie bereits Mutter zweier Kinder war, wurde ihr Interesse immer stärker, den Zusammenhang der Gesundheit von Körper, Geist und Seele zu verstehen. Nach verschiedenen Weiterbildungen führt sie mit Liebe und Hingabe seit vielen Jahren ihre Praxis für innere Energiebalance. Depressionen, Burnout, unerklärliche Ängste, Traumata und vieles mehr werden bei ihren Behandlungen transformiert. Es bereitet ihr sehr viel Freude, Menschen auf ihrem Weg zu ihrer wahren Kraft, zu ihrem inneren Licht zu begleiten.

In ihrer Freizeit liebt sie es, mit ihrer Hovawarthündin Cia lange Spaziergänge und Wanderungen in der Natur zu unternehmen.

„Es ist Zeit, im Licht zu sein" ist ihr erstes Buch.

Webseite: www.robertatheiler.ch

novum VERLAG FÜR NEUAUTOREN

Der Verlag

„Wer aufhört
besser zu werden,
hat aufgehört
gut zu sein!

Basierend auf diesem Motto ist es dem novum Verlag
ein Anliegen, neue Manuskripte aufzuspüren, zu ver-
öffentlichen und deren Autoren langfristig zu fördern.
Mittlerweile gilt der 1997 gegründete und mehrfach
prämierte Verlag als Spezialist für Neuautoren in
Deutschland, Österreich und der Schweiz.

**Für jedes neue Manuskript wird innerhalb
weniger Wochen eine kostenfreie, unverbind-
liche Lektorats-Prüfung erstellt.**

Weitere Informationen zum Verlag und
seinen Büchern finden Sie im Internet unter:

www.novumverlag.com